生徒の心に寄り添う進路指導の言葉かけ

キャリア・カウンセリングの視点を生かして

三村隆男［編著］

東洋館出版社

まえがき

中学校、高等学校において進路指導・キャリア教育は生徒の自分らしい生き方の実現を支援する、組織的、体系的な教育活動です。その要の1つがキャリア・カウンセリングと呼ばれる進路の相談です。本書は、教師によるキャリア・カウンセリングの在り方を中学校、高等学校の進路指導・キャリア教育の最前線に立っている先生方の事例を基に特に「生徒の心に寄り添う言葉かけ」を通した進路指導・キャリア教育の進め方を分かりやすく解説したものです。

本書は、キャリア・カウンセリングについて解説したⅠ部と、中学校、高等学校のキャリア・カウンセリングの実践事例を取り上げたⅡ部に分かれています。進路指導・キャリア教育におけるキャリア・カウンセリングについて総合的に学びたい方はⅠ部から、生徒からの問いに応える必要性に迫られている場合はⅡ部から始めてください。どちらから始めても支障のないよう編集させていただいております。

本書が、生徒の自分らしい生き方の実現に伴走する先生方にとって有益な知見を提供することを祈念しています。

三

もくじ

生徒の心に寄り添う進路指導の言葉かけ

Ⅱ 生徒の心に寄り添う言葉かけ

01 自己理解

02 進路情報

03 人間関係

04 移行不安

I 教師が行うキャリア・カウンセリングとは

1 キャリア・カウンセリングの定義と本書の意義

キャリア・カウンセリングの定義は、文部科学省（２００４）に「学校におけるキャリア・カウンセリングは子どもたち一人一人の生き方や進路、教科・科目等の選択に関する悩みや迷いなどを受け止め、自己の可能性や適性についての自覚を深めさせたり、適切な情報を提供したりしながら、子どもたちが自らの意志と責任で進路を選択することができるようにするための、個別又はグループ別に行う指導援助」[*1]とされています。

また、この定義と酷似した定義が、文部科学省（２０１７、２０１８）に「学校におけるカウンセリングは、児童生徒一人一人の生き方や進路、学校生活に関する悩みや迷いなどを受け止め、自己の可能性や適性についての自覚を深めさせたり、適切な情報を提供したりしながら、児童生徒が自らの意志と責任で選択、決定することができるようにするための助言等を、個別に行う教育活動」[*2]とあります。これは、我が国の教育課程の一つであり、学級（ホームルーム）活動を基盤とした学校生活全体に関わる特別活動におけるカウンセリングの機能が極めてキャリア・カウンセリングに近いことを示しています。更に「特別活動におけるカウンセリングとは専門家に委ねることや面接や面談を特別活動の時間の中で行うことではなく、教師が日頃行う意図的な対話や言葉掛けのことである」とし、日常の学校生活の中での対話や言葉かけそのものがカウンセリング機能を有しているとしています。

かつては教師とカウンセラーの役割が明確化し、分業体制で行われているとされた米国の生徒支援においても、生徒を取り巻く、教師、カウンセラー、地域住民、インターンシップ先の事業所の職員、その他の学校教育に関わる人材が分業ではなく協業で総合的な生徒支援に取り組む傾向に変化しつつあります。[*3]

こうした総合的な生徒支援体制に移行しつつある風潮の中で、生徒に対する教師の日常を通した言葉かけによるアプローチは今後学校生活における重要な機能として注目されることでしょう。

＊1　文部科学省（2004）「キャリア教育の推進に関する総合的調査研究協力者会議報告書」29ページ。

＊2　文部科学省（2017）「中学校学習指導要領解説　特別活動編」、文部科学省（2018）「高等学校学習指導要領解説　特別活動編」

＊3　Ruiz de Velasco, J. (Ed.). (2019) A Guide to Integrated Student Supports for College and Career Pathways: Lessons from Linked Learning High Schools. ベラスコらは、ジョン・オコネル高校の実践例から、外部の専門家等（ここではスクール・カウンセラーや外部のスタッフ）による「介入型」(intervention) から、外部の専門家等が学校に配置され、教師と協働しつつ教室に入り続ける「埋め込み型」(embedded) の取り組みが「サポート・サービス」の質の向上につながると分析している。

2 本書で扱うキャリア・カウンセリングの領域

特別活動におけるカウンセリングがキャリア・カウンセリングと酷似していることを念頭に、本書の「心に寄り添う進路指導の言葉かけ」によるキャリア・カウンセリングにて対象とする事例の範囲を明確にします。米国のスクール・カウンセラーですが、その職務を規定した国家モデル基準[*4]によると「スクール・カウンセリングは、1960年代後半にガイスバース博士が包括的な学校カウンセリング・プログラムについての考え方を発表して以来、学業成績、キャリアへの準備、社会情動的学習に取り組んできました」とカウンセリングの対象を3分野で示しており、その枠組みは2019年発刊の第4版まで変化はしていません。3分野を我が国の教育課程に読み替えますと、教科指導（学業成績）、進路指導・キャリア教育（キャリアへの準備）、生徒指導（社会情動的学習）となります。

一方、2017年に告示された中学校学習指導要領第1章総則の第4生徒の発達の支援では、「1　生徒の発達を支える指導の充実」として、(1)~(4)を挙げています。その内容を概略して示すと、以下になります。このカテゴリーは、同年に告示された小学校学習指導要領及び翌年に告示された高等学校学習指導要領でも同様に示されています。

図1　本書で扱うキャリア・カウンセリングの事例モデル

(1)　学級経営の充実、(2)　生徒指導の充実、(3)　キャリア教育の充実、(4)　指導方法や指導体制の工夫改善など個に応じた指導の充実

ここで注目すべきは、(2)〜(4)です。(2)は生徒指導、(3)はキャリア教育で、(4)は学習指導に言及しており、ここに米国スクール・カウンセリング国家モデルとの共通性が確認できます。(1)の学級経営（高等学校の場合はホームルーム経営）の充実と3分野における発達の支援を総合的に解釈しますと、学級経営、ホームルーム経営を基盤に、生徒指導、キャリア教育、教科指導を充実させることとなります。そこで、本書では、図1のように、学級経営・ホーム

＊4　American School Counselor Association (2019) The ASCA National Model: A Framework of School Counseling Programs, Fourth Edition. Alexandra, VA: Author.

ルーム経営を基盤とした、生徒指導、キャリア教育・進路指導、そして教科指導を事例として扱うことになります。

3 進路指導の6活動におけるキャリア・カウンセリング

次に進路指導・キャリア教育とキャリア・カウンセリングの関係を解説します。進路指導には「進路指導の諸活動[*5]」と以下の6つがあります。

① 個人資料に基づいて生徒理解を深める活動と、正しい自己理解を生徒に得させる活動
② 進路に関する情報を生徒に得させる活動
③ 啓発的な経験を生徒に得させる活動
④ 進路に関する相談の機会を生徒に与える活動
⑤ 就職や進学等に関する指導・援助の活動
⑥ 卒業者の追指導等に関する活動

お気付きのように④に進路に関する相談、つまりキャリア・カウンセリングが位置付いているの

です。

次に6活動の内容ですが、それらは独立したものではなく、互いに関連し合い機能しています。図2は三村（2004）[*6]が6つの活動の関連を示したもので、①～⑥を端的な表現で言い替えています。以下それぞれの活動について解説しますが、④のキャリア・カウンセリングがそれぞれの活動の中核となっていることを示します。

①自己理解　「自己理解」は、学校教育でよく使用されている語句ですが、特に進路指導では、特別な意味をもっています。進路指導における「自己理解」は単独では成立せず、多くの場合、「進路情報の理解」を経て成立します。図2で「自己理解」「進路情報の理解」の矢印が向き合っているのは、そうした関係を示しています。例えば、「大学のパンフレット」を例に挙げましょう。自分の深めたい分野の学習内容や教授陣を見て、生徒は自身の大学で学びについて再考しますが、そのとき、自らの興味・関心をパンフレットの情報に照射し、既習の事項を確認し、新たな気付きを得たりするのです。自分らしい生き方について「自己理解」を引き出す情報は全て「進路情報」と言えるのです。

＊5　文部科学省（2011）「中学校キャリア教育の手引き」35ページ。
＊6　三村隆男（2004）『キャリア教育入門』実業之日本社、76ページ。

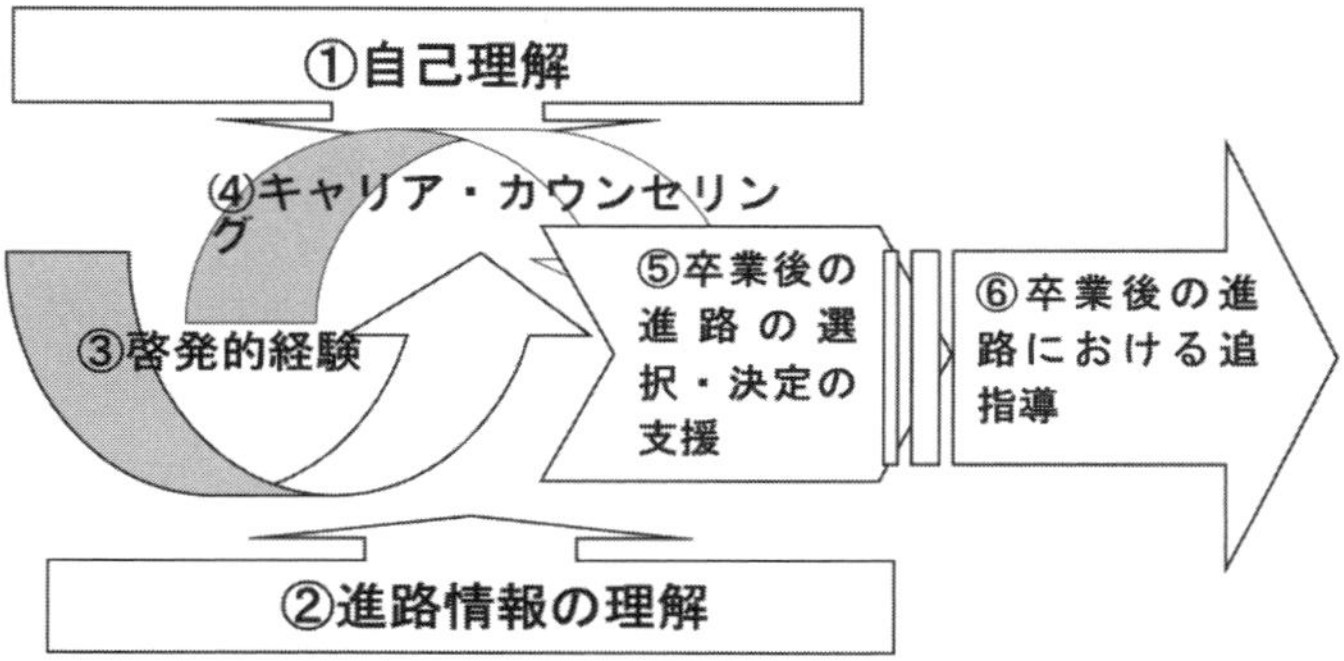

図２　進路指導の６活動の構造モデル

②進路情報の理解　「大学のパンフレット」の例ですが、こうした作業で得たものを生徒同士で共有することで、他者のモデルを通じ更に自己理解が深まることになります。単なる情報に「自己理解」を果たす活動を付与することでアップグレードした「進路情報」になるのです。情報はそのままでは「進路情報」となっていない場合が多く、こうした教師の工夫が随所で求められるのです。

次に触れる、「啓発的経験」や「キャリア・カウンセリング」は、「自己理解」と「進路情報の理解」のつながりを更に深める活動なのです。

③啓発的経験　啓発的経験は、「生徒がいろいろな経験を通して、自己の適性や興味などを確かめたり、具体的な進路情報の獲得に役立つ諸経験の総称である」[*7]と定義されています。ここでは啓発的経験を更に深く理解し実践に移すため、体験と経験について考えてみます。「人生経験」とは言うが「人生体験」と言わないことから、この2つは日常的な使用

において無意識に区別がなされています。体験を生徒が直接五感を通して得る行為とし、経験は、「体験によって得たものをものの『見方・考え方』に転換させる行為」と、「啓発的経験」そのものが明確に説明できるのではないでしょうか。

つまり「啓発的経験」は、体験したことを啓発的なプロセスにより経験のレベルに引き上げることとなるのです。この間に「自己理解」が図られるとすると、前項で示した情報を進路情報化することで「自己理解」につなぐといった説明と一致します。キャリア教育において体験的な活動を行う場合、単なる体験のレベルから「啓発的経験」にどのように移行するかが問いとして焦点化されます。

④キャリア・カウンセリング　「自己理解」のプロセスには疑問、不安、課題が伴うことが多いのです。それは「進路情報の理解」を通して、自分の誤解、つまり思い込みや思い違いが正され、今後果たさなくてはならない膨大な課題が立ちはだかり、自分自身の能力への過信が崩れるなど様々な気付きが生まれるからです。

こうした一連のプロセスで人は他者との相談などを通し支援の機会を求めます。言い替えれば、進路指導やキャリア教育の熱心な学校ほどこうした「自己理解」が果たされ、生徒は「キャリア・

＊7　文部省（1974）『進路指導の手引～中学校学級担任編～』日本進路指導協会、23ページ。

カウンセリング」の機会を求めるようになるのです。「キャリア・パスポート」への記述を通した「自己理解」による不安感等はこうしたメカニズムによって起こるのです。キャリア・カウンセリングの場合、相談者となる立場の者は、教師、スクール・カウンセラー、キャリア・コンサルタント、友人などが挙げられますが、教師の場合が圧倒的に多いのではないでしょうか。

キャリア・カウンセリングの機会として最も重要なのは、入学当初によって行われるものなのです。なぜならば、入学当初に学校適応を保障しませんと、その後の図2に示された6活動が十分機能しないからです。意外かもしれませんが、入学後の適応がその後のキャリア教育の成否を分けるといっても過言ではないのです。

キャリア・カウンセリングを通して得られる言語情報は貴重です。キャリア・カウンセリングには「認知的再構成」という機能があるからです。ガイスバースら（1987）はこれを「非合理な、あるいは誇大的で不正確な不適応的な考え、ないしは不適応的信念を見つけ出し、それを適応的、現実的、あるいは正確なものとなるように変容させること」[*8]と定義しています。知識や経験の少ない生徒にとって、思い込みや思い違いは生徒が表現して初めて分かることです。また、進路指導やキャリア教育のリフレクション・シートや「キャリア・パスポート」の記述から上記に該当する進路への誤解を読み取ったときは、該当の生徒との相談の機会をつくる必要が生まれるのです。もちろん同時に起こる子ども側の不安、悩みや疑問などに応え支援をする必要が出てきます。

特に最終学年のキャリア・カウンセリングの特徴的なところは進路の選択・決定までのカウント・ダウンが行われているところです。相談の際、その内容が卒業後の進路に関わる手続き等の場合、必ず期限を確認し、期限から逆算し時間的に余裕のある相談を心がける必要があります。[*9] 時間がある場合は、教師が生徒と一緒に調べ、考えて伴走していくことが重要です。

また、担任や進路指導担当教師は、多くの生徒との相談の機会が求められ、短い相談時間での問題の特定と適切な手立てを示すことが求められます。次の相談の機会までに手立てを果たそうと、生徒が自らの課題に取り組むことでキャリア形成を果たしていくことになります。こうした方法で時間の節約や相談効果の向上が期待できます。

更に、移行間際の相談ともなると内容は多岐にわたっており、教師も知識としてもち合わせていないことが多くなります。限られた時間の中で、教師はより正確な進路情報を伝え、生徒の的確な判断を実現することが求められます。

⑤移行支援　移行支援の目的は、卒業（中退）後の移行先に適応することです。その内容は2つあります。1つは移行のための手続き的な支援で、もう1つは移行先に適応するための知識・技能

＊8　N・ガイスバースら編（1987）『進路設計』日本進路指導学会訳、189ページ。
＊9　本稿「4 『ストーリーとしてのキャリア』理論」の「②時間の経過」参照。

等を身に付ける支援です。前者は適時に適切な手続きを遂行していくことであり、後者は、先方が求めるレベルに知識・技能等が到達するための条件を備えることで、進学の場合はその後の教育機関での学習に適応できる学力等を備えることであり、就職の場合はビジネス・マナーなどを身に付けることが挙げられます。

移行支援は、卒業者を中心に考えがちですが、中退者などへの支援では、卒業者以上に細心の注意を払う必要があります。卒業者、中退者併せて次の所属が未決定の場合は、高校卒業（中退）後継続して相談できる機関の紹介などを含め、丁寧に対応する必要があります。可能であれば、いつでも学校に戻り相談できることをメッセージとして伝えておく必要があります。こうした機能は追指導につながります。

⑥追指導　追指導とは、主に卒業者の新たな進路先における適応を確認し、必要に応じ適応支援を図るものです。また、5年後、10年後の卒業者の状況を調査することで、生徒の生きざまから教師が学ぶダイナミズムを創出する点で、追指導は価値ある活動と言えます。アカウンタビリティ（説明責任）があらゆる教育活動で求められる時代を迎え、追指導はアカウンタビリティの機能を有することになります。

激変する進路環境の中、「追指導」によるリアリティのあるホットな進路情報は、今後の進路指導・キャリア教育活動（「自己理解」「進路情報の理解」「啓発的経験」「キャリア・カウンセリング」）の実践と評価という2つの側面で重要性が増すことになります。卒業者が自ら母校を訪れ近況を語ってくれることもあり、これも「追指導」の1つと見なすことができます。

4 「ストーリーとしてのキャリア」理論

「ストーリーとしてのキャリア」は、アイオワ大学名誉教授デビッド・A・ジェプセン（2008）[*10]の理論です。本理論を取り上げる理由は、多くの理論が成人を対象としているのに対し、本理論は生徒を対象としているからです。「生徒は物語の主人公であり、それは行動の物語である」と、非指示的カウンセリングのアプローチを推奨し、子供たちの行動に焦点を当てています。

万国共通の「物語（ストーリー）」を基盤にカウンセリング理論を構築し、「自分の物語を語りつくす人はめったにいない。物語に欠けた部分があれば、埋め合わせる必要がある。子どもの物語は断片的側面が多く、また、子どもは一生懸命伝えようとする。信頼できる教

＊10　デビッド・A・ジェプセン（2008）「元米国キャリア発達学会会長デビッド・A・ジェプセン博士キャリア教育講演翻訳　キャリア教育の推進にあたって～児童・生徒・学生を社会の変化に対応できる大人に育てるには～」三村隆男訳、『新学習指導要領準拠　小学校キャリア教育実践講座』日本進路指導協会、176～198ページ。

師やカウンセラーは、子どもが抜け落とした部分を埋めることで物語の脆弱な部分を補強し、将来につながる行動へと物語を広げる」

との主張で、物語に存在する6つの要素からキャリア・カウンセリングのアプローチを示しています。6つの要素とは、「主人公」「時間の経過」「場面」「(主人公以外の)登場人物」「あらすじ」「どうしようもない力」です。それぞれの要素を以下に簡単に示します。

①主人公　語り手は自らの生活、学習、仕事の経験の物語を構成する力をもつ自らのキャリアの作者なのです。物語の語り手として、自身の時間をかけこれらの経験の流れを構成していくのです。

②時間の経過　カウンセリングの際にいつまでに意思決定をするのかは、最も必要とされる条件です。キャリア・カウンセリングの場合、残された時間を確認し、さかのぼってカウンセリング計画を立てる必要があります。

③場面　場があって初めて役割を担うのです。社会的、地理的な、生活、学習、仕事の場面で役割が生まれます。どのような質の場面なのかは、キャリアを満足させる上で重要です。

④登場人物　主に主人公の支援者、家族、教師、友人、同僚、生徒、管理職などを指します。こうした人々との絆は、キャリアにおける役割を果たす上での効率化や満足感にとって重要になります。ただし、登場人物の影響は限定的です。主人公にとってカウンセラーとしての教師は、物語の

一登場人物に過ぎません。

⑤あらすじ　体験の物語は主人公にとってはっきりしている場合もそうでない場合もありますが、そこに内在する計画や目的へのあらすじがあります。そのあらすじに以下の3つの不可欠な要素があります。

・誰にでも解決しなくてはならない問題がある：取り組むべき問題として、対処しなくてはならないストレス、下さなくてはならない意思決定などがあります。多くの人が直面する問題もあれば、その人固有の問題もあります。問題を抱えていない人はいないのです。

・問題を克服する資源は主人公にある：問題を解決するために使用するのは主人公自身の技能や知識が中心であり、登場人物の支援的行為を含むあらゆる方法も指します。

・主人公の行動が必要である：主人公の行動なくしてキャリアにおける問題は解決されません。キャリアは行動の物語であり、受け身的に眺めている物語ではありません。カウンセラーは主人公の物語を変えることはできないのです。ただし、主人公を行動に導くプロセスに関与することはできます。キャリア・カウンセリングの中で、クライエントに行動につながるタスクを与え、タスクをクライエント自身がひとりで果たすプロセスを通し、行動への道筋をたどるように支援することができます。

⑥どうしようもない力　主人公や登場人物より強力な力が、物語の結末に大きな影響を与えま

す。例えば、病気や愛する人の死、事故、好景気や不景気、そして天変地異などです。こうした出来事とは、抗うのではなくうまくやっていく必要があるのです。

5 教師によるキャリア・カウンセリングの強み

これまで扱ってきた内容から、教師が行うキャリア・カウンセリングを整理します。

カウンセラーとして専門的な教育を受けてこなかった教師が行うカウンセリングには限界があります。限界を補うため、様々なカウンセリング理論を勉強し相談に生かそうとすることは大変重要ですが、カウンセリング理論には職業人を対象としたものが多く、キャリア形成が十分でない生徒に適応する上では無理があるものも少なくありません。この点は注意すべきです。更に、進路指導担当の教師や担任ともなると、数多くの生徒との面談が求められ、十分時間をかけた面談を行うことは不可能です。それに授業をはじめとする多くの業務が求められています。

こうした教師に「生徒の心に寄り添う言葉かけ」を通した進路指導・キャリア教育の中核であるキャリア・カウンセリングをどのように展開するかを本書は扱っています。本書の特徴は学校の教師である強みを生かした相談を提案しているところです。

まず、教師は学校生活の中で生徒の情報を十分収集できる立場にあり、カウンセラーが行うインテーク（クライエントの情報収集のための初回面接）の必要がありません。また、学校という場を生徒と共有しているため、複数回の面談が比較的容易であるという強みがあります。もちろん、日常の生徒の関係性においても心に寄り添った支援が必要です。

次に、同僚の教師との連携が可能であることです。相談内容を「チーム学校」での支援につなぐことができることです。更に、学校で使用している「キャリア・パスポート」をはじめとする進路指導・キャリア教育の教材を活用することができます。

最後に、生徒のキャリア形成は相談の場で起こるのではなく、生徒に与えた課題に生徒が取り組んでいる瞬間に起こります。教師から与えられた進学情報が掲載されたパンフレットを見ながら、気になるところ、気に入ったところなどにマーカーを引く作業そのものが進路情報と自己理解が向き合う場になるのです。事例の中に登場する進路指導の6活動のメカニズムの活用や、悩みや不安に適合する課題を、教師がいかに生徒に取り組むように求め、次の相談の場面で生徒のキャリア形成を認めていくかがポイントとなっていきます。

㈢

Ⅱ 生徒の心に寄り添う言葉かけ

01 自己理解

世の中がどうなってしまうか
分からないので、
将来がとても不安です

中学校 教師の言葉かけ

「確かに先の読めない世の中ですね。もう少し詳しく話してくれませんか？ 話してみると気持ちや考えが整理できるかもしれません。」

あなたが言うとおり、世の中の変化が激しく、予測できない時代ですね。

今、あなたは、将来世の中がどのようになりそうだと感じていますか？（生徒の応答）では、変化することは止められないとして、あなたはどんな世の中に変化してほしいですか？（生徒の応答）

今あなたが言ってくれたような世の中に変化する可能性って、ないかな？ 全てを叶えることは無理だとしても、自分にとってポジティブな方向に変化することもあるかもしれません。不安ももちろんあるけれど、期待できる側面もあるかもしれないので、ポジティブな変化の可能性を見付けてみませんか？

あとは、変化が激しい時代の中でも、「自分自身はどうやって生きていきたいか」「そのために自分は今何をしたらよいか」など、自分を中心に置いて考えてみると、世の中への不安は和らぐかもしれません。自分がどう生きていきたいか考えてみて、次の面談で聞かせてもらえませんか？

将来に向けて行動する中で、思わぬタイミングでポジティブな出来事もあるかもしれないので、期待して踏み出してみるのもいいかもしれませんね。

中学校 言葉かけの背景

このような漠然とした不安には、「受容」「傾聴」を基本としつつ、リフレーミングの手法を援用し、将来への期待感を高めることが有効だと考えられます。

まずは不安を整理するために、どのように不安に感じているのか、自分はどうなってほしいと思っているのか、などを語ってもらいます。漠然とした悩みを具体的にしていく中で、自分の思い込みなどに気付くこともできます。

次に、生徒が考える「世の中の変化が不安」という捉え方を、「どのように変化するか分からない」＝「よい方向に変化するかもしれない」という視点に捉え直すことを援助します。言葉の捉え方を考え直してみると、同じ事象でもポジティブなイメージに思考を転換することができます。このように、考え方の視点を変えることで、生徒が不安を期待へ変換させることを支援します。

学級活動などを通し、ゲーム感覚でネガティブな表現をポジティブな表現に言い替える「リフレーミング・カード」を使うことで、不安深化の未然防止の一助となります。

また、社会が変化しても自分はどのように生きていきたいのかという、自分を主語とした将来の考え方も大切です。スーパー（Super. D.）の「ライフ・キャリア・レインボー」の理論を示し、人

はいくつかの役割の連続と組み合わせで一生を送ることを俯瞰的に理解することも大切です。 百

高等学校 教師の言葉かけ

「将来について真剣に考えているのですね。先行き不透明な世の中だけれど、世の中がどうなれば不安ではなくなると思いますか？」

最近はコロナ禍、自然災害そして戦争など、世の中の不安要素が増えているから、高校生でも将来を不安に思うことがありますよね？　あなたがどんなことを不安に感じるのか、じっくり聞かせてもらえませんか？　何が不安なのかについて考えていきましょう。

将来に不安があっても、高校生としてこれから自分で勉強して進学や就職をしていく中で、自分が世の中で何をしていけるのか、そして自分がどのような役割を果たしていくことができるのかを考えていくことで、不安にしっかり向き合うことができ、将来が見えてきて、逆にわくわくした期待感が生まれてくることもあるでしょう。

あなたの語る「世の中」の認識を考えることで、将来とのつながりをどのように言及するかが見えてきませんか？　あなたが言う「世の中」が変われば、逆にできることも増えるとは考えられませんか？　変化を逆手にとってチャンスを生むこともできそうですよね。

高等学校　言葉かけの背景

誰しも多少は将来を不安に思うことがあります。生徒が語る「世の中」の認識を問うことで、将来とのつながりをどのように言及するかが見えてくるのではないでしょうか。生徒に「どのようなことを不安に思っているか話してみて」と言葉をかけて、じっくり傾聴します。そして不安感が何かが分からない場合は、期待感から聞いていくのもよいでしょう。

高校生として将来を考えていく中で、自分が世の中で何ができるのか、どのような役割を果たしていくことができるのかを考え、不安が出てくることもあるかと思います。自分で勉強して進学や就職をしていく中で、ある程度進路の方向付けを始めている生徒もいますが、そうした生徒も、自分がしたいことについて、本当に自分にできるのか不安になってくることがあります。

クランボルツ（Krumboltz, J. D.）は、プランド・ハップンスタンス理論で個人のキャリアの8割が予想できない偶然の出来事（「計画された偶然」）によって左右されると言っています。すなわち進路未決定やミスマッチなど、キャリア・プランでは回避すべきと思っている現象から新たな可能性が生まれてくることもあるのです。これからキャリア・プランニングをする生徒には、不安感よりも、わくわくする期待感に発想の転換を提案することも大切ではないでしょうか。㊄

「夢をもて」
と言われるのですが、
ないとだめですか？

中学校 教師の言葉かけ

「よく「夢をもちなさい」と言われますが、あなたはなくてもいいのではないかと思っているようですね。あなたにとって夢とは何でしょうか？」

あなたが考える「夢」とはどのようなものですか？

確かに「サッカー選手」や「漫画家」のように、夢は将来就きたい「職業」と捉えがちです。ただ、それだけではありません。「どんな家に住みたいか」「どんな自分になりたいか」「どんな気持ちで生活していたいか」「どんなことを趣味にしたいか」など、夢にもいろいろあります。

夢ではなくても、あなたにとって楽しいことや好きなこと、時間を忘れて取り組んでしまうようなことはどんなことですか？　10年後、20年後にどんな気持ちで生活していられるとよいと考えますか？〔生徒の応答〕

では、そうした気持ちで生活するためには、どのようなことやものが必要になるでしょうか？

夢はもっていたほうが幸せなこともありますが、今はっきりしている必要はないのではないでしょうか？　今は夢がはっきりしていなくても、自分が好きなことや楽しいと思えることなど、自分のことをよく知ることができればいいのではないでしょうか？

「職業レディネス・テスト」の結果を見てどうでしたか？　知らない職業も多かったと思います

ので、どんなことをするのか調べてみましょう。納得できた部分、納得できなかった部分はどのようなところかが重要です。

納得できた部分は、あなたの大切にしたいところかもしれません。納得できない部分でも、まだ気付いていないだけで、あなたが本当は大切にしたいものかもしれないですね。これらはあくまでも、指標の1つに過ぎません。これから変わっていくかもしれませんが、夢を見付けるための1つのヒントにしてみてはどうですか？

中学校 言葉かけの背景

多くの中学校では、2年生で職場体験が行われます。この前後から3年生で入試を意識し始める時期にかけて、夢を聞かれたり、夢について考えたりする機会が増えていきます。しかし、実際には、夢がまだ決まっていないという生徒がほとんどです。また、発達段階として、周りの目が気になり、容易に自己開示できない時期です。

夢といっても捉え方が人によって違うことを知ることで、無理に夢をもたなければいけないという認識も変わってくるかもしれません。この時期は、じっくりと自分と向き合って、自分とはどのような人間なのかを知ることが重要です。職場体験に際して、エゴグラム（導入として自分の性格や行動のパターンを分析することで、自分自身に注目する）や「職業レディネス・テスト」（ホランド〔Holland, J. L.〕の「職業選択の理論」を活用した自己理解のツール）などを使用して、客観的な情報と照らし合わせながら、自分について考える機会をつくるといいでしょう。

自分が何を好きで、何を楽しいと思うのかなどを知っていく中で、自然と夢につながっていくこともあります。 安

高等学校 教師の言葉かけ

「よく「夢をもて」って言われますね。夢をもつってどんなことでしょうね？ 夢がないということについて、どう考えているか話してもらえませんか？」

夢がなくてはだめだと感じたきっかけや、夢をもつことのイメージを教えてください。もしかしたら普通の人が言う「夢をもて」ということに違和感があるのではないでしょうか？ 現実離れした夢なんてもたなくていいと感じているのではないですか？

私たちは「将来設計」という言葉もよく使うのですが、「夢」と「将来設計」はどう違うと思いますか？ 夢は現実離れもしてしまうけれど、将来設計は現実的ですよね。

将来設計するためには、まず自分自身のことを理解し、将来の職業や学問の情報を活用して、未

来のイメージをつくります。そして、大人になったらどんな生き方をしているのか考えていきます。

まず、あなたが今、職業や学問のどんなことに興味や関心をもっているかを分析してみませんか？　そのためには「職業レディネス・テスト」などの興味・関心が分かる心理検査を行い、客観的なデータを見て自分の興味・関心を知ることも効果的です。それを基に、学問領域や職業領域について調べていくのはどうでしょう。

高等学校　言葉かけの背景

まず、生徒の気持ちに寄り添ってラポール（心が通じ合った状態）を形成します。この生徒は、夢がなくてはいけないのかと言っていますが、意図は分かりません。とまどいがあるのか、不安に思っているのか、反抗的になっているのか、自分を肯定してほしいのかなど、いろいろ考えられます。まずは、そう思っているのだということ自体を言語化して返します。そして疑問に対して一緒に考えていくことを伝えます。

それから、生徒の考えていること、感じていることを聞いていきます。そのきっかけや、夢をもつことがどんなイメージか、夢がないことに対しその生徒がどのように考えているのか聞いてみましょう。

高校段階では現実に照らして夢を吟味し、適切な目標にし、その目標もステージごとに見直していくことが求められます。そのためにはキャリア・デザインが必要です。自分自身の興味・関心や能力・適性を理解し、情報収集をして将来設計を行います。

まずは自分の興味・関心を理解するため、「職業レディネス・テスト」などのアセスメントを受けることを勧めます。このテストで分かった興味・関心の領域に沿って学問領域や職業領域について情報を収集し、活用していきます。できれば、更に、大人との交流ができる現実的な体験を促すことで、精神的な成長を醸成していきたいところです。

杉

自分のやりたいことが分からないので、進路を決められません

中学校 教師の言葉かけ

「進路について考えると、悩んだり、不安になったりすることがありますよね。まずは、自分のよさや性格について、一緒に考えることから始めてみませんか？」

自分自身の将来のことについて真剣に考えようとしていて偉いですね。自分のやりたいことが分からないと、進路をどうやって決めていけばいいか分かりませんよね。いつ頃から自分のやりたいことについて考えるようになったのですか？

やりたいことを見付ける準備として、まずは、自分の興味や得意なこと、性格などを整理しましょう。キャリア・パスポートであなたのこれまでの成長を振り返ってみたらどうでしょうか。

また、家族や友達に褒められたりしたことはありませんか？「私はどんな人？」と聞いてみるのもよいと思います。自分では気付くことができなかったよさや強みに気が付くかもしれません。

今後、中学校では将来のことについて考える機会がたくさん計画されています。例えば卒業生や社会人の方の話を聞く機会などです。その中で、どのように進路決定をしてきたのか話を聞き、参考にするのもいいと思います。そういった体験を活用しながらやりたいことを一緒に見付けていきましょう。

自分のよさや性格について理解しながら、次は将来に関する情報を収集していきましょう。正しい情報を知った上で、「高校進学か、就職するか」などを保護者の方とも意見を交えながら考えていきましょう。あなたが自分のやりたいことを見付け、進路を決定することができるように協力したいと思っています。

中学校 言葉かけの背景

このような不安や悩みを抱えている生徒は、自分自身のよさや性格について自己理解を深めることができていないと考えられます。生徒の不安な気持ちをしっかりと受容しながら、「進路指導の6活動」の、特に「自己理解」と「進路情報の理解」に注力し、キャリア・カウンセリングを行います。

まず、いつ頃からこのような悩みをもつようになったのか、本人から話を聞きます（傾聴）。その上で、キャリア・パスポート等を活用しながら、小学校からこれまでどのような役割を担ってきたかや、その中で自分がどう考えたかをよく聞き、自分自身の性格やよさについて一緒に整理していきます。

生徒の自己理解のツールに「職業レディネス・テスト」があります。生徒が職業に関する知識を深めながら、自分の興味や関心を知ることのできるツールで、教員の生徒理解にも役立ちます。

また、保護者も困っていたり、情報不足による誤解があったりすることがあるので、保護者にも適切な情報提供を行い、一緒に考え、生徒の自己実現を支援するよう働きかけます。 深

高等学校 教師の言葉かけ

「自分のやりたいことと卒業後の進路をどうつなぐか、本格的に考え始めたのですね。まずは、どうしてそう考えるようになったか話してくれませんか？」

入学して間のない時期のあなたでしたら、キャリア・パスポートなどを参考に、小学校前、小学校、中学校、高校で取り組んできたことを書き出して考えてみたらどうでしょう？ 書き出したものを基にやりたいことを考えていくこともできますね。高校に入学したばかりでは、自分のやりたいことがまだ決まっていないかもしれませんね。だからしばらくは、いろいろな教科の勉強や総合的な探究の時間の授業に取り組むことや、部活動などの学校生活や資格取得などを通して、自分の興味・関心を探していきましょう。

また、卒業生の体験発表などで先輩の話を聞いて、先輩がどのようにやりたいことを探し、進路につなげていったのかを知ることもヒントになりますね。

高校3年生になっても、まだ自分のやりたいことが分からず、進路が決められないあなたは、キ

ャリア・パスポートを持ってきて、まず自分がどんなことが好きなのか、興味をもっているのかについて考えてみましょう。また、学校で行った職業興味検査などの資料を基に、今までの自分を振り返ってみましょう。

自分がやりたいことが進路に結び付いたらいいのですよね？　自分のやりたいことって、意外と気付いていないこともあるのです。これまで取り組んできたことや考えてきたことなど、どんなことでも気が付いたら、話してくれませんか？

高等学校　言葉かけの背景

3年生になってもあまり進路を考えていない生徒は、カウンセリングをしても本人が分からないので、あれこれ考えても先に進みません。そこでまずはキャリア・パスポートを使い、これまでの自分の取り組みを振り返って、好きなことや興味のあることなどの気付きをいくつか書き出し、自己理解の機会をつくり出すことが必要です。

そのため生徒には、しばらくはいろいろな教科の勉強や総合的な探究の時間の授業に取り組むことや、部活動などの学校生活や資格取得などを通して、自分の興味・関心を探すように勧めます。そうした体験を啓発的経験に昇華させることで、自己理解の深化を促進させます。

経験化することが啓発的経験であり、そこに自己理解の作用が働きます。先輩講座などを実施して、先輩の話を聞くことも、きっとヒントになります。そして生徒たちが自分の興味・関心を理解するために、時期に応じた職業興味検査などを実施することも必要でしょう（進路情報の理解）。

高校1年生は自己理解、2年生は職業（上級学校）の進路情報理解、3年生は移行支援と進路指導計画を立てることが多いようです。それぞれの学年の進路指導の重点項目であることは間違いありませんが、これらの項目は並行して進んでいることも理解し、指導に当たってください。

3年生からこうした問いを投げかけられた場合も、期間は限られていますが、丁寧に自己理解から始めてください。これまでの本人の活動や考えが蓄積されているキャリア・パスポートを共に見ながら、自己理解を促すカウンセリングを行いつつ、自己決定へと導きます。

高

勉強しなければいけないのは
分かっているのですが、
やる気が起きません

中学校 **教師の言葉かけ**

「しなければいけないのにできないことは、人にはよくあることですね。何がやる気につながるのか一緒に考えてみましょう。」

なぜ勉強しなければいけないと考えたのか、あなたの考えを聞かせてください。〔生徒の応答〕

高校や大学に入学するため、更には、その後の社会生活、職業生活を送るためと考えているのですね？　確かに、入学試験などのために勉強をして学力を付けて希望する進学先に入ることは大切なことですね。ですが、入ることが目的になっていませんか？　どんな高校生活を送りたいと思っていますか？　どうしたら、3年間を楽しく過ごせそうですか？　そのためには、どんな高校を選べばよいか、今の考えを聞かせてください。〔生徒の応答〕

教えてくれて、ありがとうございます。期待する高校についてのイメージが具体的になってきましたね。高校見学に行ったり、先輩の話を聞いてみたりすると、今のイメージはより具体的になっていきます。「勉強をしないと」と思うと時間を取りづらいですが、自分の将来のために時間を使うことも勉強ですから、そうした体験や情報収集の機会をつくっていきましょう。

反対に、多くの情報に触れることで、迷いが生まれたり考えが変わったりして悩んでいることなどはないですか？　もしあれば、今の思いや考えを一緒に整理してみましょう。

あなたが抱えている不安は、多くの同級生が抱えているものです。どのように勉強に取り組んでいるのかや、どのような高校生活を送りたいと考えているのかなど、周りの友達と情報交換してはどうですか？　みんなで進路決定について考え、やる気を育んで乗り越えていきましょう。

中学校 言葉かけの背景

この質問には2つの背景が考えられます。1つめは、特に3年生になったばかりのときで、進路に向けて様々な情報に触れる中で不安を抱いているような場合です。周囲から自分だけ取り残されているような気持ちになってしまう生徒が多いです。2つめは、目標がしっかりと定まっていない場合です。なかなか進路先を定めることができずに、学習と進路決定を同時進行で行う生徒がほとんどです。進路先を決めることが先に立って、学習が後回しになってしまう生徒も多いです。

対応としては、1つめは不安を小さくすることです。カウンセリングを通して、膨大な情報から、自分に合った適切な進路情報を選べるようにすることが大切です。それ以外にも「ピア・カウンセリング」のような活動を行うことで安心感を与えることができます。

2つめは、卒業後の目標を定めることを勧めます。卒業生や高校の先生を招いて話をしてもらい、具体的な高校生活をイメージできるようにすることで、期待する高校生活と現在の学習が結び付くことを理解させ、やる気を起こさせる一助とすることができます。

案

高等学校 教師の言葉かけ

「勉強をしなくてはと思うのに、できないと焦りますよね。でも、勉強以外でやる気が起きることがあったら、そのことから考えてみることもできそうですね。」

高校入学後、中学校のときと同じような感じで勉強をしていると、成績が下降し、やる気がなくなって、勉強する意欲にも影響が出てきますよね。そのようなときには、これまで興味・関心をもって取り組んできたことと勉強が関連していることに気付くことが大切です。そうすると、やる気が起きやすくなります。また、どうして「しなければならない」と考えているか、どうしてそれが「できない」と思ってしまうのかを考えていくことも大切です。

まず高校卒業後の目標を考えましょう。目標を考えることができれば、その目標に向かって勉強する意味が見えてくるようになります。例えばキャリア・パスポートを使って振り返って考えてみてはどうでしょう？　そうすれば、今まで自分が取り組んできたことが勉強に関わっていることを知ることができるでしょう。

今回は、先輩を紹介しますので、その先輩がどのように勉強に取り組んだかを聞いて、その話の中から理解を深めたことを書き出し、次回の面談に持って来てください。将来の目標と勉強がつながっていることを理解し、自分の勉強に対するやる気を起こすことにつながるように、一緒に考えてみましょう。

高等学校 言葉かけの背景

高校入学後、成績が大幅に下降するなど、やる気が起きなくなる要因はいろいろとあります。これまで、興味・関心をもち、やる気をもって取り組んだことと現在学んでいることとに関連があることに気付くことで、理想と現実の距離を縮める方法もあります。バンデューラ（Bandura, A.）は行動とその結果の関連を「結果期待」と「効力期待」で示しました。

前者は行動の結果の予測で、例えば、この頑張りがきっと成功に結び付くと思うこと。後者はその行動がうまくできるかの予測であり、「自己効力」と呼ばれています。例えば、自分なら希望する大学の入学試験に見合う実力を付けられると思うこと。生徒がうまくできると予測する機会をカウンセリングを通して提供することも重要です。

本人がどうして「しなければいけない」と考えているかの根拠も確認する必要があります。今回のカウンセリングのポイントです。 高

今、何のために
勉強しているのですか？

「勉強は目標達成の手段」と捉え、社会に出た後の自分の進む方向を考えてみたらどうでしょうか？

「取りあえず勉強する」「テストでいい点がほしい」と漫然と勉強することに納得できず、「何のために勉強するのだろう?」「学校でする勉強にどんな意味があるのだろう?」と悩むことは、実は大変大事なことだと思いますよ。「何のために」という問いは本当に深いものです。

「勉強は手段」と考えれば、学業を通してどのように社会と関わって生きていくかを考えることになるでしょう。それを決めていくのは、決してたやすいことではありませんが、将来の自分の姿を考えることが、学ぶことの価値付けを助けてくれると思います。今、自分が興味をもっていること、これまで頑張ってきたことなどをきっかけとして、将来の道を描いていきましょう。

学校での学びがどのように自分の役に立っていくのか、つながっていくのかがすぐに分かる勉強と分かりにくい勉強があるのは事実だと思います。こんなとき、周りの大人や先輩に聞いてみるのもいいかもしれません。人生の先輩がどのように勉強に向き合ってきたのかを知ることも、きっと参考になると思います。

次回は「何のために」を解決するためのヒントとなるようなところがないか、キャリア・パスポートを振り返ってみて、気付いたことを書き出してきてくれませんか？

中学校 言葉かけの背景

中学校で行われるキャリア・カウンセリングの役割の1つに、「学ぶ意欲を高めること」がありますが、この相談はまさにその典型と言えるものでしょう。生徒が学校の学びと実際の社会での役割や職業とのつながりを理解することで自己理解を深め、進路における目標をもったときに意欲が喚起されることが期待されます。

キャリア・カウンセリングのきっかけの1つに「キャリア・パスポート」の活用が考えられます。これまで生徒が積み上げた体験、果たしてきた役割等をきっかけとして、「役割を通して社会と関わる」という視点から自分のパーソナリティを分類し、その延長線上の職業を通して自己理解を深め、社会との関わり方を考えていく方法です。

その他、自己理解に関する検査を用い、興味、適性、技能、及び何を優先するかを考えることで進路に対する理解を促進します。各検査の特徴を理解し、キャリア探索や意思決定の道具として活用できるよう、適切な時期に適切な方法で実施していくと、効果が期待できます。

野

高等学校　教師の言葉かけ

「これまで何気なくしてきた勉強に疑問をもつようになったのですね。いろいろな人の意見の中に考えるヒントが見付かるかもしれませんね。」

今勉強していることが将来どう役立つのか、実社会でどう活用されていくのかが見えないと、勉強していても身が入らないですよね。いろいろな人に「なぜ勉強するのか、何のために勉強するのか」を聞いてみるのはどうですか？

もちろん友達に聞いてみるのもいいと思いますが、実際に社会に出て働いている人たちにインタビューしてみるほうが、経験者の意見ですから、あなたが知りたいと思っていることの答えが見付かりやすいかもしれません。高校で学んだことが社会でどう生きていると思うか、考え方は人それぞれです。いろいろな人の意見を聞いていく中であなたが「そうなんだ」と共感できる考え方に出会えるかもしれませんね。

インタビューできそうな人はいますか？　もし思い浮かばないようだったら、私から紹介することも可能ですよ。

次回の相談ではあなたがインタビューしてきた結果を基に「なぜ学ぶのか」を一緒に考えていきましょう。

高等学校　言葉かけの背景

学ぶことの意義を見付けられない生徒は少なからずいます。そういった生徒たちからの問いに対しては傾聴し、「リアルな意見」に触れさせるという体験は大きな教育効果をもたらします。ただし、高校での学びが今の生活にどのように生かされていると感じるかは人それぞれなので、なるべく多くの考え方から生徒本人が納得できる回答を得る機会があるとよいでしょう。

例えば、夏休みの進路課題として職業人インタビューを行い、必須質問項目の中に「高校での学びが現在にどのように生きていますか」という質問を入れ込み、クラス内や学年内で共有できれば、生徒が「学ぶことの意義」について考えるよい機会となります。更に、インタビュー実施後、生徒自身が考える「学ぶことの意義」をまとめさせクラス内で共有できれば、新たな気付きが生まれ、自らの思考が深まっていくことになります。

また授業担当者からのアプローチとして、各教科・科目での学びを通じて身に付くものの見方や考え方が社会生活において役立っていることについて教科学習を通して伝えることも大切です（例：理科や数学の学びを通した論理的思考力、芸術の学びを通した豊かな感性や表現力等）。　多

もうすぐ3年生になるのに、
中だるみになっています。
どうにかしたいです

中学校　教師の言葉かけ

「自分で学校生活をどうにかしたい」と思うだけでも立派ですよ。一番気になることは何ですか？

今まで受験のことはまだまだ先だと思っていたけれど、3年生を目前にして、今のままでは受験の準備が間に合わないかもしれないと急に不安になったのですね。自分から気が付いて、学校での過ごし方を立て直そうと考える姿勢がすばらしいですよ。学校生活は、学習面では授業、課題、試験への対策、その他では部活動、委員会活動、友達との時間等、盛りだくさんで忙しいですね。焦らず着実に、できるところから一歩一歩改善を進めていきましょう。

自分自身で現在の状況を中だるみと分析していますが、ひょっとしたら、今やっていることに達成感を感じられていなかったり、自分が進むべき道を決めかねたりしているのではありませんか？もしそうであれば、自分が将来に向けてどのような方向に進むかしっかり考えていくことが大事だと思います。目標が決まれば、おのずと勉強や学校生活で何をするべきか見えてくると思います。目標は、自分ができそうなことから少しずつスモールステップで決めていったらどうですか？

また、学校生活の立て直しは、実は家庭での過ごし方も大きく関わっているものです。生活リズムの改善についてお家の人にも協力してもらいましょう。

キャリア・パスポートなども見返しながら、現段階で学習面や生活面でよくしたいと思っている点をいくつか挙げ、次の面談のときに見せてもらえませんか？　学校の進路学習でも自分の生き方や職業に関する学習は続きますから、そのような機会も利用しながら少しずつ改善していきましょう。

中学校　言葉かけの背景

このような不安を抱く生徒は、自分の進路がどうなるのか先が見えにくい状況にあり、高校進学に向けて準備をしなくてはいけないが具体的に何から手を着けたらよいか予想できない状況に置かれていると考えられます。

進路を切り拓くきっかけとして、キャリア・パスポート等を基盤として、生徒がこれまで経験したり学んだりしたことを価値付け、生徒の興味・関心の方向性を探ります。その上で、どのように社会と関わって生きていくかキャリア・カウンセリングを通して共に探ることが第一歩となると考えられます。

自己理解を進める手立てとして、「職業レディネス・テスト」等を活用することも1つの方法です。6つのパーソナリティ・タイプの自分自身の構造を認識し、社会や職業において自分はどのような役割を果たしたいと思っているのか自己理解につなげていきます。パーソナリティ・タイプは役割取得における興味の方向性を示しています。ツールの結果と本人の学校での日常の行動を紐付け、取り組めることを一緒に考えていくことができます。そうした気付きから身近な行動における目標設定が可能になります。

野

高等学校　教師の言葉かけ

「立て直したいけれど、そのきっかけがほしいですよね。きっかけという意味では、相談に来ていることがすでに解決に向けた第一歩ですね。」

私も、あなたが学校生活をどうにかするお手伝いができたらと思います。まず、現状を確認したいと思いますが、どうでしょう？

今、どんなところが中だるみになっていると思いますか？　つまらない毎日を送っていてどうしてもやる気が起きない、頭では危機感を感じているけれど行動がついてこない、という感じですね。だからこそ、あなたは、学校生活をどうにかしたいと感じているんですよね？

では、つまらなくない、充実した学校生活とはどんな状態でしょう？　しっかり授業を受けているとか行事に熱中して取り組んだとか、部活動で大会に出場したとか、対象に真摯に向かい合っている状態ですね。

中だるみは行動することで立て直しができます。それには、何か取り組みを始めることです。あなたが充実していると思う状態をゴールにして、そこに向かって小さな行動を積み重ねていきます。どんな取り組みがその小さな行動になると思いますか？　これからその節目ごとに様子を教えてもらえますか？

高等学校　言葉かけの背景

まず、もう一度立て直したいという生徒の気持ちに寄り添って、ラポールを形成します。そして、立て直しの支援がしたいことを伝えます。

次に、現状を整理し、中だるみの原因を把握します。現状をまとめることで、現状を客観視できるようになります。中だるみを脱した後の理想像も、頭では理解していても、行動が伴わない、やる気が出ない、自分のやる気のきっかけを教えてほしい、というのがこの相談の主訴だと思われます。

高校2年生は中だるみの時期と言いますが、これは次のステージに入る移行期の課題と言っていいでしょう。大人になることへの恐れ、成長に対する不安に対処できないことが中だるみの根源的な原因だと考えられます。この生徒も、この恐れや不安を克服し人生を歩み始めるスタート地点に立っているわけです。ただし、恐れや不安を自覚させる必要はなく、人生の第一歩を支援することがキャリア・カウンセリングの一つの機能です。

相談の最後に、次回までにできる課題を一緒に考えます。実際の行動に踏み出すためにスモールステップによって意識の変容を促していきます。授業の受け方を変えてみる、受験対策を始めてみる、予習や復習を始めるなどがありそうです。それを具体的にどのように取り組むか考えてきてもらってもいいでしょう。その後も節目ごとに状況を報告してもらいます。

杉

志望校が学力に合わないと担任に言われましたが、変えたくありません

「担任の先生とのやり取りでもやもやしているのですね。もう少し詳しく事情を聞かせてくれませんか？」

まずは担任の先生とのやり取りを聞かせてください。また、この高校を第1志望にした理由も聞かせてください。〔生徒の応答〕

なるほど、あなたが高校生活に何を求めて志望校を選択しているのか、よく分かりました。

担任の先生に「学力が合わない」と言われたそうですが、現在の成績や模試の結果と勘案して、自分ではどのように感じていますか？

今の状況で受験すると、どのような結果になりそうですか？　さっき自分でも「少し厳しいかもしれない」と言っていたけれど、担任の先生も、そこを心配したのかもしれませんね。このまま受験して不合格だった場合、その結果を受け入れて第2志望や第3志望の高校で前向きに生活していけそうですか？

先ほど話してくれた、志望校選択の観点や、高校生活でやりたいことに照らし合わせて、「万が一のときはここでもきっと頑張れる」と思える第2志望、第3志望を探しておくのはどうでしょう。担任の先生も心配していると思うので、もう一度ゆっくり話してみませんか？　もし担任の先生と2人で話すのが不安だったら、私も同席します。本当に行きたい高校に行けるように、一緒に計画を練っていきましょう。

中学校 言葉かけの背景

多くの中学生にとって、高校受験が生まれて初めての進路選択の経験となるため、本人がもっている情報や判断基準が未熟であったり、受験先について熟考できていなかったりする場合が多く見られます。

この相談の背景には、そのような担任の先生の心配が生徒にとってはおせっかいに感じたり、担任の言葉を極解したりしている側面があるのではないかと考えられます。担任と生徒の関係が悪くならないように配慮しながら、生徒が納得感をもって進路決定できるようにカウンセリングを進めます。

教師は「進路指導の6活動」に則り、様々な高校について、正確な進路情報を基に自己理解を促し、高校選択に欠かせない自分なりの視点を整理させます。その中で、現在の合格可能性等の客観的な情報を勘案しながら選択、決定するように指導します。そして、キャリア・カウンセリングにより軌道修正したり、理解を深めさせたりしていきます。

その際に、ジェラット（Gelatt, H. B.）の意思決定理論を援用します。まずは「予測システム」として受験先の選択肢を整理し、それぞれの選択肢がもたらす結果の可能性を判断させます。次に「評価システム」として、予想される結果が自分にとって望ましいかどうかを評価させます。最後に「決定システム」として、選択した内容が現時点の情報や自分の気持ちに照らして合っているのかを評価させます。

百

高等学校 **教師の言葉かけ**

「志望校が学力に合わないと言われたらつらいですね。まずは、あなたと担任の先生とのこれまでのやり取りについて、もう少し詳しく教えてもらえますか？」

学力に合わないと言われたのはどのような場面での出来事ですか？〔生徒の応答〕

その志望校を教えてもらうことはできますか？　志望している学部または分野について教えてもらうことはできますか？〔生徒の応答〕

なぜ、志望校を変えたくないのか、その理由を教えてもらうことはできますか？〔生徒の応答〕

その志望校を決めたのはいつ頃ですか？　また、どのような経緯で決めたのか教えてくれますか？〔生徒の応答〕

その志望校以外に、受験を考えた上級学校はありますか？　その数はいくつくらいですか？〔生徒の応答〕

担任の先生とこれまでどのような話し合いがあったのか、教えてもらえませんか？〔生徒の応答〕

保護者の方とは、これまでにどのような話し合いをしましたか？〔生徒の応答〕

高等学校　言葉かけの背景

まずは、これまでの担任とのやり取りについて時系列で把握することから始めましょう。生徒は、これまでの経緯を振り返る際に、様々な感情を表す場合があります。こうした感情を丁寧に受け止めることが、生徒との信頼関係を図る上で重要と言えるでしょう。

次に、事実の背景にある真相について、生徒と一緒に検討する作業に入ります。生徒は「学力に合わない」という言葉をかけられたことに着目する傾向がありますが、これまでどのような進路に関する情報収集等を行ってきたのか、保護者や担任とどのような相談を行ってきたのか、そしてどの程度自己理解が進んでいるのか把握することを優先します。

自己理解については、高校1年から高校2年前半であれば、生徒の興味・関心、各教科の得意・不得意等に着目して、例えば、数学Ⅰや数学Aの学習につまずきのある生徒が大学の理学部を志望したならば、自己理解が進んでいない可能性や、進路情報や啓発的経験の不足などが考えられます。

生徒が高校2年後半から高校3年であれば、前出に加えて、各種模擬試験や実力テストの成績などのデータが参照可能な場合は、希望する上級学校が求める学力に到達しているのか、または現実的であるかどうかなどを診断することがある程度可能となります。一方、学力データに加え、本人の関心領域や高校での実績など、更に詳しく見立てることが必要です。

生徒が担任の言うことにも聞く耳をもち、一部分でも共感できるところまで理解が進めば、自分の希望と担任の意見を同質の進路情報として捉え、進路選択をより円滑に進めることができます。いずれにせよ、生徒の気持ちを汲み取った教師の言葉かけがとても大切です。

桜

学校の授業では
進学に対応できるか
不安です

「入試を控えて、学習面での不安が募っているようですね。現在の授業であなたが不足していると思っているものは何ですか？」

教室の中にはたくさんの生徒がいて、日々授業が行われています。そんな中、今の授業のままでは受験に対応できないかもしれないと不安になっているのですね。

受験が近付いた時期に不安を抱いたまま過ごすことはよくありません。いろいろな教科の授業が行われていますが、率直に何があなたの進学の不安の原因になっているのか教えてもらえますか？そうすることで、どのようなことが改善されればあなたが安心できるのか、一緒に考えられると思います。

また、あなたが今感じていることは、ひょっとしたら、クラスの中の他の人も感じているかもしれません。秘密は守りますから、具体的に改善してもらいたいあなたの願いを聞かせてください。教えている側の先生も、一人一人の生徒の進路の実現を願っていますから、きっと前向きに考えてくれるはずです。例えば、あなたが弱点だと考えていて、加えてもらいたい学習や補習など希望があれば、遠慮せずに伝えて、力になってもらうようにしましょう。受験が近付いた生徒のために、学校はできるだけのことをしてくれると思います。伝えたいこと、改善してもらいたいことを相談しながら整理していきましょう。

中学校 言葉かけの背景

この相談のケースは解決すべき問題がはっきりしていて、「場面」や「主人公」の存在も明確です。問題を先送りにできない状況もはっきりしており、「ストーリーとしてのキャリア」理論が当てはまります。進学という自分の目的達成のため、前に立ちはだかる問題を解決するためには、生徒自身の行動が求められています。

しかしながら、自分の要求が全て叶うとは限りません。そのときには「どうしようもない力」として、抗わず、うまくやっていく姿勢も求められます。不満な授業を生徒の望みどおり解決できればよいのですが、授業担当者を替えるわけにもいきませんし、できる範囲での方策を模索していくことになります。他者に依存する部分と自分の行動を通して取り組む部分とに分かれます。

最終的に自分はどうしたいか、そのために、物語の登場人物にどのような支援をしてもらいたいかを、キャリア・カウンセリングを通して明確にし、解決の糸口をつかみ、具体的に行動してもらうことが重要です。時期を定めて進捗状況を確認しながら、相談者である生徒を見守り支えていくことが重要です。

野

「学校の授業にどんな不安があるのですか？　あなたにとって、進学に対応できる授業とはどのような授業なのでしょうか？」

学校の授業に不安があるのですね。どんなところに不安があるのですか？　なぜ不安に感じるのですか？

具体的に不安な教科や科目はありますか？　あったら教えてください。

不安があるという授業が進学に対応できないと思うのはなぜですか？　どんな授業だったら、進学に対応できると思いますか？　また、なぜそう思うのか、教えてもらえますか？

担当の先生は、どんな意図で授業をしているのでしょう。その思いと自分の求めていることとの隔たりを考えてみましょう。その上で先生にお願いできることはないか、考えてみましょう。

また、あなたはどんな進学先を考えていますか？　よかったら教えてください。

自分の進学に向けた状況はどうですか？　順調ですか、それとも少し問題を抱えていますか？

もし問題を抱えているとしたら、それは何が原因だと考えますか？

授業に対する不安の中身が少しははっきりしてきましたか？　そこをしっかりと確認した上で、どうしたらその不安を和らげることができるのか、一緒に考えていきましょう。

高等学校 言葉かけの背景

まずは、「授業に対して不安がある」という漠然とした内容を具体的に聞いていくことにより、生徒本人の不安がどこにあるのか、何を求めているのか、を明らかにします。

また、問いかけにあるように、授業全般に対する不安、個別の授業への不安だけでなく、本人の進路目標についての不安や部活動との両立、保護者の意向、塾や予備校との関係などが不安の中身であるケースもあります。最初の問いかけで、不安の中身を確認していきます。

次に、不安に応じたキャリア・カウンセリングを進めていきます。授業全般や個別の授業についての不安であれば、その不安を共有しつつ、本人と担当の先生とのやり取りの有無を踏まえて、担当の先生の授業の意図などを確認し、少しでも不安、不満を和らげるような方向で調整します。

しかし、この不安、不満が自分本位であったり、授業の意図、方向性と異なったりすることもあります。あくまで悩みを共有し、誤解のないようにすることが大事です。ただし、明らかに授業に問題がある場合は、しっかりと取り上げて、改善への道筋をつくることも必要です。

また、授業自体の問題ではなく、進路目標、部活動との両立、保護者等との関係など、別の要因がある場合は、本当の不安や悩みを本人が自覚し向き合うようにカウンセリングを行います。 長

入試で
自分をＰＲできることが
ありません

中学校 教師の言葉かけ

「入試でPRできることがあるのか、探してみましょう。あなたにもきっとPRできることはありますよ。」

あなたのPRできるところを探すために、キャリア・パスポートをヒントにしてみましょう。キャリア・パスポートは、あなたの3年間の成長の様子を振り返ることができます。例えば、3年間の運動会の取り組みでどのように成長してきたのかを振り返ってみましょう。

1年生では、とにかく先輩についていくことに必死だったようですね。2年生では、1年生の手本となるように、家でも練習して覚えるようにしていたようですね。3年生では、最上級生として最後の運動会を精いっぱい楽しむために、大きな声で応援することを特に頑張ったようですね。どうですか？　どんなところにPRできるところがありそうですか？〔生徒の応答〕

そうですね、目標に向かって陰で努力したり、周りの人を応援することに喜びを感じたりすることができていますね。どちらも、あなたという人をPRするための重要なポイントだと思います。

他にも、係や委員会の仕事で決められたことをやり遂げられることや、友達へ優しい言葉をかけられること、自分から元気に挨拶ができることなど、何気ない行動もPRのポイントになります。

中学校 言葉かけの背景

この悩みは、自己理解が十分でないことが背景にあります。思春期の中学生は自分の嫌な面や悪い面に目が向きがちです。自分との対話においても「できなかった」面ばかりに注目し、「できた」面には意識が向きづらいです。そうした繰り返しから、自分のよいところを言おうとしたときに「何もない」と応えてしまうのです。

そのため、生徒との日頃の関わりから、その生徒のよい面をフィードバックしてあげることが大切です。本人はそのよい面を自分で気付いておらず、話していると、「そんなことでいいんですか？」ということが多いです。面談等でよい面をフィードバックしたり、生徒同士でよい面を伝え合うワークを行ったりして、自身のよさを気付けるようにするとよいでしょう。

更に、キャリア・パスポートの活用が有効です。行事ごとに目標を立て、終わったら振り返りを記入します。行事を通して、自分がどのように成長したかや、どのような思いを抱いたのかを、具体的に記入するようにします。読み返しながら、3年間を通してどのように成長してきたのかに気付ける資料となります。生徒が自分のよい面にも意識が向くような環境をつくりましょう。 安

高等学校 **教師の言葉かけ**

「自分自身のよさに気が付いていないだけかもしれませんね。あなたの特長を一緒に考え、入試に向けたPRポイントを探していきましょう。」

あなたは自分のことをどのような人物だと考えていますか？　まず、あなた自身が考える自分像からあなたの特長を見付けていきましょう。

「自分にはよいところなんてない」と思うかもしれませんが、自分では短所だと思っていることも、別の視点で見たら長所になることも多くあります。例えば、自分では「優柔不断」だと思っていても、他者から見れば「物事をじっくり考えられる」と評価されることもあるでしょう。ですから、自分ではPRできないと思っていることも含めた自分像を教えてもらえませんか？

自分をPRするためには、より深く自分自身を知ることが必要なので、自己分析するのと同時に、あなたのよいところを周囲の人に聞いてみると非常に役立つと思います。保護者やお友達にあなたのよさを聞いてみるといいですよ。聞いてみた結果から一緒にあなたのPRポイントを探していきたいと思うので、1週間後に結果を知らせにきてくれたらうれしいです。

高等学校　言葉かけの背景

自分を過小評価し、ネガティブな言葉でしか自分を表現できない生徒も多くいます。私たち教師はつい「そんなことないよ」とか「誰にだっていいところはあるんだから」といった言葉で生徒のこうした考えや思いを否定してしまいがちですが、まずは生徒本人が自分をどのように捉えているか、その言葉を否定することなく聞き取ります。その上で、本人から出てきたネガティブな言葉も見方を変えれば肯定的な内容になることを示していきます。

同時に、自己理解を深めるには保護者や友人といった他者からの意見も有効であることを伝え、自分のよいところについて他者に聞いてくるよう課題を出し、次のカウンセリングの機会につなげます。課題を通じて、生徒は自分では気付かなかった自己の特長に気付き、自己理解を深めることができます。どのような気付きがあったかを生徒から直接報告してもらうリフレクションの場面を設けることも大切です。

その後も継続的にカウンセリングを実施し、自己ＰＲ文の作成を支援していきます。本人同意の下でキャリア・パスポートの内容を共有し、自己ＰＲを一緒に考えていくのも方法の１つです。自己ＰＲ文が完成した後は、この文を基に面接練習等の支援へと移行していきます。 多

02 進路情報

いい人生を歩むために いい学校に行くには どうしたらいいですか？

中学校 教師の言葉かけ

「あなたにとって「いい学校」とはどのような学校ですか？ 自分にとってよい学校が見付けられると、よい３年間を送れそうですね。」

あなたにとってのよい学校を一緒に見付けていきましょう。

まずは、どのような高校生活を送りたいですか？ 高校生活中に叶えたいことはどんなことですか？ これが一番大切な質問です。高校生活で叶えたいことが叶えられる高校に通えれば、それに越したことはないですよね。

少し、自分にとって大切なことが見えてきましたか？

ですが、片道１時間半、往復３時間かけて通学できますか？ 通学時間はどのくらいまで我慢できそうですか？ 〔生徒の応答〕片道30分ですか。それなら地域にある高校か交通の便がいい場所の高校がよさそうですね。

私立や公立の希望はありますか？ 私立は公立よりも費用がかかる分、施設が充実していたり、特色を出して独自の教育をしたりしています。公立も特色を出した学校が増えていて、ルールなど、私立よりも自主性に任されている学校も多いようです。

また、どんな生徒がいる学校がいいですか？

各学校の違いや生徒の様子などは、実際に学校に行ってみないと分からないことが多いです。ぜひ、自分が通ってみたいと思った高校や必要な条件に合う高校には、高校見学に行ってみることをお勧めます。行ってみることで初めて、自分に「合う」「合わない」を判断できることもあります。様々な情報に触れて、自分にとって大切なものを見付けていきましょう。

そして、「いい学校だった」と言えるようにするためには、高校生活をどう過ごすかにもかかっています。最終的に与えられた環境を「いい学校」にできるように、日々の生活を充実したものにしていきましょう。

中学校 言葉かけの背景

この問題には2つの背景が考えられます。

1つめは、自己理解が十分でない場合です。「よい」という基準は人によって違います。歩いて行ける距離がよいと思う人もいれば、電車が好きだから電車で通学できるのがよいと感じる人もいます。「よい」は人それぞれなのです。そのため、「よい」という言葉の定義をしっかりと決める必要があります。「学科」「距離」「交通手段」「制服」「場所」「校舎・施設」など様々な条件において自分にとっての「よい」を知ることが大切です。

2つめは、進路情報の少なさからくる場合です。情報が少なければ、「よい」か「悪い」かを判断することはできません。適切な情報を与えることが大切です。特に、学校見学は有効です。実際に見てみることで分かることがあったり、他の学校と見比べることでどちらを「よい」と感じるかが分かったりします。そうすることで、生徒は自分にとっての「いい学校」を吟味します。安

高等学校 **教師の言葉かけ**

「なるほど、では、あなたが考えている「いい人生」とはどういうことか、もう少し詳しく話してもらえますか?」

世間で言われている「いい」ではなく、あなた自身の中での「いい人生」を明確化してみましょう。そして、理想の人生と今の自分との差を高校と大学で埋めていくイメージをもつといいと思います。

例えば、理想の人生が高収入で社会に対する影響力の高い生き方だとします。30歳くらいで外資系の企業で仕事をしていて、その仕事が世界の経済に影響を与え動かしていきます。その人には、世界経済を動かす高度な知識と技術が必要ですし、それを達成する段取り力や高い志も求められています。多様な人々と協働して仕事をなし遂げる連携や強いリーダーシップも必要です。

こういった場合には、どんな学習や経験が必要でしょう？　おそらく大学では高度な学びと多彩な経験をしておくことが必要ですし、高校のときにも受験だけでない高度な知識と幅広い学力や将来につながる深い体験が必要でしょう。

あなたの人生に必要な学習と経験は何か、次回までにまとめてもらえますか？　今度はそれを基に作戦を立てていきましょう。

高等学校　言葉かけの背景

生徒の価値観を変えるのではなく、その価値観に寄り添い、それに適合した上級学校を共に探していきます。高校生の多くは家庭や自分を大切にした人生を歩みたいと考えており、仕事で活躍し資産を増やすことを考えている生徒は少数です。意に染まない進学や就職をしてもどこかで息切れしてしまうでしょうし、将来像をあまりに限定し過ぎても行き詰まってしまいます。

まずは、生徒の価値観を明確化します。「職業の3要素」はキャリアにおける価値観を端的にまとめています。人生で重視するのは「個性の発揮」か、「社会への貢献」か、「生計の維持」かの視点でキャリアに対する価値観を明確化しましょう。

また、「キャリア形成」に気付かせることで、どのようなステージでどのような役割をしている自分が望ましいかという価値観が分かります。価値観が明確化されれば、その「いい人生」をサポートできる上級学校群の情報を集めます。情報が集まれば、それを基に戦略を練ります。

キャリア形成の定義には「社会の中で自分の役割を果たしながら、自分らしい生き方を実現していくための働きかけ、その連なりや積み重ねを意味する」(高等学校学習指導要領解説　特別活動編)とあります。「いい人生」とはこの定義の「自分らしい生き方」を実現する人生かもしれません。そうすることが「一人一人のキャリア形成と自己実現」にもつながります。

杉

調査書の点を上げるには
どうしたらいいですか？

どうして調査書の点を上げたいと思うのですか？ 調査書はどんな目的や内容でつくられているか知っていますか？

調査書の点を上げると入試に有利に働くのではないかと思っている人が多いです。ある意味では正解ですが、ある意味では間違えています。

調査書とは、3年間あなたが中学校で自分を成長させようと努力を積み重ねてきた結果を、数値や文章として記録した文書のことです。あなたのその努力を、進路先の方に知ってもらうものなのです。もう少し詳しく調査書について説明します。

みなさんが上げたいと考えている「点」とは何を指すか分かりますか？ それは「内申点」のことで、「評定」を指します。評定は、各教科で判断される5段階評価のことです。この点については、出願の基準になったり、試験に加算されたりと、合否を左右します。ですから、上げるのであれば評定ということになります。評定についてはどうしたら上がるかはよく知っていますよね？そうですね、日頃の授業や定期考査での評価の積み重ねです。

では、あなたが希望する学校では、どのくらいの内申点が合格基準となっているか知っていますか？ 高いに越したことはないのですが、希望する学校によって基準が全く違うので、ただ上げればいいというものでもありません。まずは、希望の学校の情報をよく調べてみるといいでしょう。

また、係や委員会、部活動をしているほうが調査書の点が上がると考えてはいませんか？　係や委員会、部活動については、調査書においては点数になることはありません。文章としては記載されますが、参考資料として扱われることがほとんどです。ただ、一部の学校では、そうした活動の記録が点数化されて評価に加算されることもあるので、よく調べることが大切です。

まとめると、調査書は内申点、出欠などの情報、活動実績からできており、中学校生活でどんな学習や活動をしてきたのかをまとめたものです。この中で、点数になっているのは内申点、つまり評定だけです。記入されたことが入試の基準や参考にされることがあります。基準等は学校によって違うので、よく情報を収集することが大切です。

中学校　言葉かけの背景

中学校2年生の終わりから3年生の初めにかけて、入試を意識し始めると、生徒は漠然と調査書の点を気にするようになります。「調査書」「内申点」という言葉が一人歩きをして、どうしたら点が上がるかという質問を受けることが増えます。生徒たちはその点数が高ければ高いほどよい学校に行けると考えています。

また、希望する学校が定まっておらず、入学するための基準が把握できていないため、どのくらい上げないといけないのかや、どんな基準が必要なのかが分からず、点数を上げないといけないと考えてしまいます。この問題は、生徒の進路情報の少なさと理解の浅さが引き起こしています。

そのため、適切な進路情報を提供することが大切です。

1つめは、調査書がどういうものかということです。調査書は、内申点と出欠席などの情報、活動実績からできています。内申点とは評定のことで、その点数が入試の際に活用される場合があります。そのため、この部分の点数が高いほど入試で有利に働くことは事実です。上げたいと思う場合には、日頃の授業での取り組みと定期考査の結果で上げることが可能です。活動実績は、委員会や部活動の結果など実際に活動した実績が記述されます。これは、入試の参考として扱われますが、一部の入試においては内申点に加点して扱われる場合もあります。

2つめは、高校の情報です。自分が希望する高校の入試の基準を把握することが大切です。高校ごとに基準が全く違うので、希望する学校の要項をよく読んで基準を確認する必要があります。基準の設定が細かい学校もありますので、高校で行われる個別相談会等に本人が参加して、基準に足りているのかを相談することが大切です。

内申点が高ければ高いほど選択の幅が広がることは事実ですが、こうして正しい進路情報を理解することで、やみくもに点を上げなければという焦りは減らしていけるでしょう。 安

進路はいつから考えたらいいですか？

中学校 教師の言葉かけ

「進路決定に向け、自分から動き始めようとする意欲が感じられます。今からスタートしてみましょうか。」

自分から進路決定に向けて動き出そうとする意欲が感じられます。進路を決めるときに一番重要なのは、納得して決定することだと思います。

まず、進学したい学科や学校についてよく知ることが大切になってきます。そのために様々な手段を使って情報を得ることが必要です。保護者と相談したり、しっかり考えたりする時間も確保しなければなりません。準備にかける時間がたっぷりあれば、余裕をもって取り組むことができます。進路が気になり始めたときがスタートするときだと思って取り組むのがよいでしょう。

学校説明会にも参加したいという気持ちもあり、自分から行動する意欲が感じられますね。学校説明会は、3年生の1学期から2学期の前半に組まれることが多いようです。できれば1学期、遅くとも夏休みには参加しましょう。進学したい学校を複数校設定して見学会に参加し、2学期に再度参加できれば理想的です。

参加した後は、キャリア・パスポートなどに情報を整理しておきましょう。複数校参加した場合は比較もできますし、一緒に参加した友達や保護者と情報を共有したり、振り返ったりすることができます。学校の情報は、学校説明会以外にもパンフレット、ホームページなどからも得られます。卒業生や先輩に話を聞かせてもらうのもよいかもしれません。気になることや分からないことがあれば、いつでも相談してくださいね。

中学校 言葉かけの背景

進路決定は正確な情報に基づいて行うことが重要です。ジェラット（Gelatt, H. B.）の「意思決定理論」では、様々な情報を用いて探索的な選択を何度か繰り返して最終的な目標に至るとされ、情報が目的を規定すると言われるほど進路情報は進路決定上重要な意味をもちます。

そのため、「進路指導の6活動」の1つ、「進路情報の理解」が大変重要です。その中でも一番重要なことは、情報を得るプロセスを示し、情報処理能力が身に付くように配慮することです。情報は、「探索、収集、整理、活用」のプロセスを経て、進路学習の資料となります。このケースのように、学校説明会に参加し、自分の行動によって直接進路情報を収集する営みは、望ましい行動です。できれば複数校見学し、比較することで見る目が育ちます。

ここで得た情報を、キャリア・パスポート等に整理していきます。整理していく中で、新たな課題の発見、更なる進路情報の収集へとつながる可能性があるからです。また、整理した進路情報を

保護者や友達と共有することで、進路決定への資料として活用することが可能となります。 野

高等学校 教師の言葉かけ

「卒業後の進路について本格的に考えなくてはと思ったのですね。詳しく事情を聞かせてもらえますか？　今後どうしていけばよいかを一緒に考えてみましょう。」

卒業後の進路については「いつから考え始める」ではなく、常に考えている必要があります。高校進学の際には中学3年生になってから本格的な進路活動を始めた人も多いでしょうから、高校卒業時についても同じように考えている人もいるかもしれません。

しかし、高校卒業後の進路に関しては、高校入学時からの取り組みが進路選択に大きく影響してきます。日々の学習への取り組みや学校行事、部活動や委員会活動に積極的に取り組むことが、最終的には進路選択の幅を広げることになります。

オープン・キャンパスや学校説明会への参加については、参加する時期（学年、年次）によってその目的が異なってきます。

いつまでに、どのようなことに取り組んでおいたらよいか、一緒に考えていきましょう。

高等学校　言葉かけの背景

高校進学の際のスケジュールと同様に考えている生徒もいるので、まずは中学校での進路活動とは異なることを認識させます。評定平均などは入学時からの学習への取り組みが大きく影響し、学校行事、部活動、委員会活動等への取り組みも最終的には進路活動の幅を広げることを伝えます。オープン・キャンパスや学校説明会は参加する時期（学年、年次）によってその目的が異なりますが、生徒のキャリア形成の状況を勘案し、これに先行する場合があっても差し支えありません。1年生は、上級学校理解や学問分野の視野を広げることが目的です。2年生は興味・関心が生かせる学校はどこなのかを具体的に比較・検討するための訪問となります。3年生（または4年生）は具体的な進路先として進学に必要な情報（受験情報等）を入手する場となります。

相談してきた時期によっても対応の仕方は異なりますが、ある程度長期的な指導が必要です。まずは卒業までの3年間（または4年間）でどのようなことに取り組み、それぞれの内容についていつ頃までに提供するのかを考えていきます。1年生の秋頃の相談であれば、冬休みまでにやっておきたいこと、1年生のうちに取り組んでおきたいことを確認し、進捗状況の報告とともに継続的なキャリア・カウンセリングを行っていきます。　多

欠席が多いのですが、進学できる学校はありますか？

中学校 教師の言葉かけ

「自分の進路について真剣に考え始めたのですね。欠席が進学に与える影響について、一緒に考えていきましょう。」

相談に来てくれてありがとう。自分の進路について真剣に考えて行動しようとしていることがまずすばらしいです。

欠席が多いと、それだけで不合格になるのではないかと心配になりますよね。でも、東京都に限ったことですが、公立高校の一般受験なら欠席日数は出願の条件になりません。最近は出席日数を問わない私立高校も増えてきています。一緒に情報収集をしていきましょう。

まずは高校に進学したい理由や、どんな高校生活を送りたいと思っているのかなどを聞かせてくれませんか？　あとは、その計画のためにやろうと思っていることなどがあったら聞かせてください。

次に、これからできることを整理し、実行していきましょう。

志望校はありますか？　あるなら、その高校の入試要項をインターネットなどで取り寄せてください。まだ決まっていないのなら、受験案内の本やパンフレットを一緒に見てみましょう。持ち帰って保護者の方とも見てください。高校がどのような生徒を求めているかを調べることが大切で

進路情報

す。気になるところや分からないところにチェックを入れてきて、次回一緒に確認しましょう。志望校が想定されてきたら、見学にも行けるといいですね。

学校の勉強はどうですか？　中学校の成績や欠席日数は問わないけれど、学力テストは行うという高校もあります。学習に心配があるなら、復習の計画も一緒に立てましょう。

最後に、受験はスケジュール管理が重要です。どんなに「高校に行きたい」という強い気持ちがあっても、例えば出願期間中に出願しなかったら受験することはできません。私も一緒に確認するようにしますので、必ず期日は守っていきましょう。

中学校　言葉かけの背景

長期欠席の生徒は年々増加傾向にあり、それとともに「自分は高校に行けるのだろうか」と悩みを抱える生徒も増えています。近年、中学校時代の欠席日数を問わない高校も増えてきているので、まずは適切な情報提供、情報収集によってネガティブな感情や思い込みを取り除きます。

その上で、「進路指導の6活動」に則り、高校に関する進路情報を基に「どのような高校生活を送り、高校卒業後はどのように生きていきたいか」等の自己理解を進め、高校見学へ出向く等の啓発的経験を促し、キャリア・カウンセリングによって軌道を調整しながら進路決定へ導きます。

また、卒業後も気軽に相談に来られるような追指導の環境を整えることも、欠席の多い生徒のキャリア支援には特に重要です。

また、自律的な進路選択にとってスケジュール管理は不可欠ですので、しっかり伴走するとともに、この機会にタイム・マネジメント力を身に付けられるようにすることも大切です。 百

高等学校 教師の言葉かけ

「欠席日数は、推薦選抜以外は心配いりません。ただ、欠席すると学んでいない内容が増えるため、それが入試に影響することはあります。」

まず、今のあなたの状況をもう少し詳しく教えてもらえますか？ 一緒に将来のことを考えていきましょう。

欠席が多い人は、体の具合が悪い場合もあります。あなたの場合はどうでしょうか？ また、実際にどのくらい欠席があるでしょうか？ それから、成績や模試の結果はどうでしょう？ 学力がどのくらいなのかも将来を決める大事な情報です。

そして最も大切なのは、どんな学問を学びたいと思っているかということです。進学を考えているのだから、学ぶ意欲をもっていますよね。これらを書き出して整理してみましょう。そうすれ

ば、ひととおり自己分析ができたと言えると思います。

次は、進学先の情報を入手して分析していきましょう。入学選抜と欠席の関係もそうですし、どんな学部・学科があるのか、難易度はどうかといったことを確認していきましょう。

これは少し時間がかかるので、次回までに自分がどんな学問を学びたいか、今の学力がどのくらいかといったあなたの情報と、学部・学科の内容やその難易度といった進学先の情報をまとめて持ってきてくれますか？

高等学校 言葉かけの背景

この生徒は、欠席が多いという不安感と、進学したいという気持ちとが拮抗しています。そこでまず、欠席数に対する不安を取り除きます。

次に、現状を整理し、欠席の原因を把握します。学力や興味・関心を整理し、自己分析することを勧めます。欠席が一定以上多いと、推薦選抜は難しいかもしれません。また、休んだときの学びを回復しておかないと受験に間に合わないかもしれません。更に、学問領域によっては、基礎学力がないと進学後もついていく上で困難に直面するかもしれません。

次回は、参考書や問題集、オンデマンド教材などを選定するなどして学習計画を立てていきます。勉強を進めると同時に、「正攻法」でなければどんな手段があるか、第2の手段、第3の手段を考えていきます。「正攻法」とは、しっかり受験に向けた学習をすることです。

そして、やりたい学問に向けて学部・学科の学問内容を整理して、受験の難易度等で順位付けし、選択の幅を広げます。しかし、受験までに学習が間に合わなくて、希望の学校への合格が難しい場合もあります。その場合は、やりたい学びの範囲を広げると合格圏が広がることもあります。例えば、薬学部限定でなく応用化学系や応用生物系、更に生活系などに広げるように、興味・関心の範疇で範囲を広げます。更に、卒業後、予備校等を活用し時間をかけて受験準備をするという可能性も考えられます。

杉

進学したいのですが、
経済的な事情で
難しそうです

中学校 **教師の言葉かけ**

「それは心配ですね。進学するのにどれだけお金がかかるのかや、その対策を一緒に考えませんか？」

そうした事情だったのですね。言いづらいことを話してくれてありがとう。経済的な事情は、理解することはできても自分では解決できないから、不安でもどかしいですね。でも、奨学金や支援金など、進学時に使える制度がいろいろあるので、一緒に調べて対策を考えましょう。

まずはどうして経済的な事情で進学が難しいと思ったのか聞かせてもらえますか？　保護者の方は何と言っていますか？　保護者の方にも情報提供をしたいので、私から連絡を取ってもいいですか？　よければ3人で話す機会をつくりませんか？　もし保護者の方が手続きを行うのが難しそうでも、本人や学校で準備できるものもあるので、相談しながら進めましょう。

今日は学校にある奨学金や支援金の資料を渡すので、来週までに目を通してきてください。入学時の費用を支援してくれるものや、3年間の学費を支援してくれるもの、条件をクリアすれば返還が免除になるものもあります。申請の条件もものによって違いますので、可能だったら保護者の方にも見てもらってください。分からないところなどがあったら印を付けてきてください。次回一緒に更に詳しく見ていきましょう。

今日のように、困ったと思ったことをそのままにせず、「どうにかしなきゃ」と思って先生に相談に来たことは、すごいことです。今話してくれたから、手続きも間に合いそうです。

一緒に情報収集して、使える制度は遠慮しないで使いましょう。あなたがなりたい自分に向かって進むのを、みんな支えたいと思っていますよ。

中学校 言葉かけの背景

経済的な問題は「自分では解決できない」という感覚が生徒に閉塞感をもたらし、将来への肯定的なイメージや自己実現への意欲をそいでしまうことがあります。このような悩みには、生徒の不安な気持ちをしっかり受容するとともに、進学を可能にするための正確な情報提供が重要です。

日頃から、「生徒指導提要」の「課題予防的生徒指導」に則り、全ての生徒を対象としてキャリア・ガイダンスや面談、進路通信等を通して進路情報の提供を行います。それをきっかけに生徒から相談をもちかけやすくなり、早期の対応が可能になります。相談に来た生徒には、担任や学年、進路指導部と連携しながら、進路未決定、不本意な進学や就職による中途退学・退職等の生徒指導上の課題やその後の不安定なキャリアに発展しないよう生徒の自己実現を支援します。

実際に経済的な支援を得るには、関係機関への照会、申請手続き、書類作成などを確実に行う必要があるため、スケジュール管理や保護者へのフォローも必要です。また、経済的な問題は卒業後も続く可能性が高いため、追指導の環境を整えておくことも重要です。 百

高等学校 教師の言葉かけ

「進学に際して、経済的な心配があるのですね。進学を諦めるのではなく、進学するために何ができるかを考えませんか？」

進学したいのは大学ですか、専門学校ですか？　文系？　理系？　どういう分野ですか？　まずはパンフレットを取り寄せるなどして、行きたい学校を決めましょう。

その上で、どのくらいお金が要るのか知りましょう。少なくとも合格時に入学金が必要です。ですからアルバイトをして時間をかけてお金を貯めていく方法もあります。

家庭の経済的な事情で授業料の支払いが難しい場合には、①日本学生支援機構による奨学金、②国（日本政策金融公庫）の教育一般貸付（国の教育ローン）、③民間（銀行等）が行っている教育ローン、④大学等が提携しているローンなど、いろいろな支援があります。

また、学校によっては、認めた資格試験に合格することで入学金等の減免があったり、特待生試験に合格すれば授業料が減免されたりする場合もあります。

どうしても経済的な事情で進学が難しい場合は、卒業後しばらく働いて、入学金・授業料等を準備してから進学する方法もあります。すぐに諦めるのではなく、一緒に考えていきましょう。

高等学校 言葉かけの背景

進学をしたいと思っても、家庭の事情で実現が難しいと悩んでいる生徒を見かけることがあります。このような生徒には、「進路指導の6活動」の「進路情報の理解」を中心にキャリア・カウンセリングを行います。このとき、進学の実現だけでなく、このような環境にある生徒の心に寄り添うことが大切です。

まずはどのくらいの金額を用意しなければならないのかを知る必要があります。そして、まずアルバイトをしてお金を貯めることや学費を補う各種の方法を、共に考えていくことが大切です。本人だけでなく、保護者にも情報提供を行うことも重要です。

経済的な事情で進学が難しそうだとすぐに諦めるのではなく、様々な方法を考えながら、自己実現を支援していくことが大切です。「課題を見て、本人を見ない」ことになりがちですので、「進学できる方法さえ見付かれば解決」ではなく、そうした事情を抱えている本人の心情に寄り添う姿勢が必要です。

高

高校を中退して
しまいましたが、
次の進路が見付かりません

中学校 教師の言葉かけ

「大変なときによく相談に来てくれました。次にどんな進路が考えられるかを、もう一度一緒に整理してみましょう。」

相談に来てくれたということは、「次の進路をどうにかしなきゃいけない」って思っているのですね。いろいろあったと思うけれど、次のステップに踏み出そうとしているその強さはすごいと思います。次の進路を一緒に考えていきましょう。

まずは、話せるところからでよいので、中退した理由やいきさつを聞かせてもらえますか？

次の進路について大まかな希望はありますか？　もう一度高校に行きたいとか、就職したいとか、こんなふうに生きていきたい、とかどんなことでもよいです。そのためにやろうと思っていることがあったら、それも聞かせてください。

改めて高校卒業を目指したいのであれば、再入学や通信制高校等を調べましょう。また、学校でみんなと学ぶのは嫌だけれど高卒の資格はほしいということなら「高等学校卒業程度認定試験」があります。学校に身を置かないで勉強する、これも進路の1つです。

専門的な技術を身に付けて就職につなげたいと思うのなら、「高等専修学校」という学校があります。ここは卒業すると、高卒の資格をもらうこともできます。

また、高卒資格は取れませんが、専門的な技術を学べる学校として「各種学校」もあります。就職を考えているのであれば、ハローワークやジョブカフェ、若者サポートステーションなどがあり、相談や情報収集ができるので、必要だったらこちらから連絡を取りますよ。中学校には就職の情報がほとんどないから、私も一緒に勉強したいと思います。保護者の方に同行してもらうのもいいかもしれません。

誰にでもうまくいかないことはあります。大切なのは、今日相談に来てくれたように、状況を打開するために、進路情報を収集することです。これから先の人生に焦点を当てて、どうしたら希望を叶えてお気に入りの人生にしていけるかを一緒に考えていきましょう。

今回は、今お話した進路先のリストなど一部の資料を渡すので、自分でもインターネットなどで調べてみてください。また、次回までにこの先どのように人生を歩んでいきたいか、少し考えてきてください。まとまらなくて大丈夫です。話しながら整理していきましょう。

中学校 言葉かけの背景

2022年度の高等学校の中途退学者は4万3401人で、新型コロナウイルス感染症が拡大した2020年の減少を経て再び増加傾向となっています。積極的な進路変更などの前向きな理由による中途退学者も多いものの、この生徒のように次の進路を見付ける前に退学してしまう生徒も多くいます。「学校生活・学業への不適応」等の消極的な理由で退学を選択した生徒にとっては、当初の進路計画の変更を余儀なくされ、将来の展望が見えず、深く大きな悩みとなります。

また、高校卒業の資格を前提としている多くの職業や、高等教育進学への選択肢が断たれることになり、不安定なキャリアを歩む可能性をはらんでいるため、丁寧な支援が必要です。

まずは「進路指導の6活動」に則り、「自分は今後どのように生きていきたいか」等の自己理解、「現状から将来を切り開くにはどのような進路があるか」等の進路情報の理解、「必要な機関との関係を構築する」等の啓発的経験を支援しながらキャリア・カウンセリングを行い、生徒が再び主体的に進路を決定できるような追指導を行うことが求められます。

その中で、クランボルツ（Krumboltz, J. D.）のプランド・ハップンスタンス理論を援用し、一見ネガティブに取れる退学という経験も、今後の新しいキャリアの機会として生徒がポジティブに利用できるようイメージを転換し、キャリアの再構築を支援します。

また、中退すると所属がなくなり、次の進路を相談するタイミングを逸し、ときには引きこもり状態になることがあります。そのような状況を防ぐためにも、生徒の進学先との連携体制を整えたり、中学校で追指導の環境を整え、在学中から「卒業してからも気軽に相談に来てください」と伝えたりしておくと、事態が重症化する前に支援することが可能となります。

百

今の学校が自分に向いていないので、転学したいです

高等学校 教師の言葉かけ

「話してくれてありがとう。どうしたらいいか一緒に考えていきましょう。まずはどこが向いていないのか、もう少し詳しく話を聞かせてもらえますか？」

まず、今の学校が向いていないとのことですが、それはどんな感じなのでしょう？

例えば、自分の学力と授業のレベルが合わないというケースがあります。また、工業科に行ったけれどものづくりが向いていないといった興味・関心の不一致ということもあります。それから、もっと自由なほうがいいとか、面倒見がいいほうがよかったとかいった校風の違いということもありますよね。また、授業に向かう気持ちが薄れていたり、欠席が多くなっていたりといった自分自身の気持ちの揺れが原因かもしれません。人間関係や家庭のことも原因になることがあります。

1つだけの理由ではなくて、いろいろな理由が複合していることは多いですよね。

今の学校でもう一度やり直すほうがいいとなるか、やはり転学が最適だということになるか、今はまだ結論付ける必要はないと思います。

大切なのは自分の中で納得して、希望をもって次のステージに進むことです。そのためにも、自分自身のことや転学先のデータを集めて、あなたにとって一番よい方向を考えていきましょう。

高等学校 言葉かけの背景

まず、今の学校が向いていないと感じていること、自分を生かせる学校に転学をしたいと考えていることに寄り添って、それを言語化するなどしてラポールを形成します。そして、支援をしたい気持ちを伝えます。

転学したいと考える理由は様々で、それを対話の中で見極めていきます。1つだけではなく、複数の理由が絡み合っています。学力との不適合、興味・関心との不適合、校風との不適合、人間関係における不適合などです。要因としては、高校進学の際、偏差値だけで進路先を選んでしまったというケースもありますし、生徒自身の成長によって本人と環境に乖離が起こる場合も考えられます。いじめの可能性のある場合は、管理職と相談しながら対応していきます。

また、転学したい理由が、正しい情報を基にした的確な判断によるものなのかを丁寧に吟味することも必要です。誤解、思い込み、不十分な情報等による判断を適切に修正し、本人の認知の再構成がある程度図られた段階で、次のステージに移行します。

この相談は、生徒にとって、もう一度自分自身の学力や興味・関心、学びに向かう態度などを分析する機会となります。この相談の続きとして、自己分析を進め、学力や興味・関心、学びに向かう態度などをまとめさせ、言語化し、吟味させます。

次に、自己分析を踏まえて、転学先の情報を収集し分析していきます。転入試験の内容、難易度、どんな校風か、学校の特色や生徒の様子などを調べます。転学先の情報は生徒だけでは集めきれませんので、こちらからの情報も併せて、メリットとデメリットを一緒に考えていきます。

転学のメリットは、新しい環境で学びや生活をやり直すことができることで、転学先への適応という移行における貴重な経験を積むことになります。一方、デメリットには、転学先での不適応、私立から公立学校への転学の際に起こる友人関係の変化、夜間定時制などへの転学での生活の変化、通信制課程への転学での学びの質の変化などが考えられます。

今後、実際に転学することになるのか、現在の学校を続けていくのかは生徒次第ですが、いずれにしても一定の意思決定を導き出すことになります。実際に転学することが決定した場合は、転学したらどうなるかを理解し、それを踏まえて新しい環境で再挑戦できる心構えを醸成し、生徒に寄り添い、感情を受け止めながら乗り越えさせていきます。

新しい環境への移行に伴う不安を低減させるためには、頭で理解しているだけでは進みません。実際に行動しなくては解決しない問題なのです。そのため、移行期の不安を低減していくためにも、生徒本人に行動変容を促していきます。転学の日程を把握させ報告させるなどスケジュールを管理し、自分で行動することを通して、未来に向かって前進できるよう支援していきます。

（彬）

将来の夢のために
今の高校を辞めたいです

「将来の夢があるとはすばらしいことですね。しかし、高校生活がその夢を実現する妨げになっているのでしょうか？　まずは詳しくお話を聞かせてください。」

将来の夢とは具体的にどのようなものなのか、詳しく教えてくれますか？

将来の夢を実現するための方法について、何か知っていることや調べたりしたことがあれば、教えてくれますか？

将来の夢を実現するために、どのような生活が理想的だと考えていますか？

夢のために今の高校を辞めたいと特に思うのは、具体的にどのような場面ですか？

将来の夢のために今の高校を辞めたいと思ったときは、どのような気分になりましたか？

夢を実現するために、高校を辞める以外の方法を考えてみたことはこれまでありますか？

高校生活の中で、自分の夢に役立つような授業や活動は全くないですか？

高校生活の中で何か嫌なことや困ったことがありましたか？　今でも解決できていませんか？

高校を辞めた後、夢の実現に向けてどのような進路やキャリア・プランを考えていますか？

高等学校　言葉かけの背景

この言葉かけでポイントとなる視点は、主に3つ考えられます。

1つめは、学校生活と夢とが乖離していない可能性があることを生徒に気付いてもらうことです。自分の夢を実現させるために、学校が障害になっているのかどうかを改めて振り返るところから始めます。どのような状況のときに、将来の夢のために今の高校を辞めたいと思うことがあるのか、そのときどのような気持ちや感情が生じるのかなどを見つめる中で、「そうとも考えられるが、こうとも考えられるのでは？」と別の捉え方を模索しながら、選択肢を増やすことを目指します。

2つめは、「自己」の夢と「社会」の一部である学校での学びをすり合わせることです。夢を実現するためには学校が不必要という発想だけでなく、高校生として社会生活をする中で自分の夢を実現できないか検討します。具体的には、今の学校を辞めることによるメリットだけでなく、デメリットを考えてみることや、「将来の夢」と「高校を辞めたい」を切り離し、それぞれについて詳しく考えを聞いてみること、両者が両立できる妥協点などがないかなどを検討していきます。

3つめは、この質問の奥に何か別の課題が隠されていないか探ることです。自分の夢のために高校を辞めたいという理由ではなく、人に話すことが難しい別の事情で高校を辞めたいと考えていて、それに気付かれることを恐れ、本来とは異なる対象へと向ける目的で「夢」という言葉を出していないか、一度検討する余地がありそうです。高校を辞めたいと思うほどの困難から逃れたい欲求や衝動の充足を図るために、「置き換え」という心の働きが生じ、このような相談をもちかける事例は珍しくありません。

しかしながら、これまで取り上げた3つのポイントに基づいて言葉かけを繰り返しても、やはり将来の夢のためには、今の高校を辞めることが最善だという決意が固い場合は、高校を自主退学した後、具体的にどのように夢を実現させていくかを、生徒と一緒に考えることへと話を移行させることになります。

高等学校における進路指導において、フリーターを希望する生徒に対して正社員を目指したほうがよい趣旨の指導をする場面があります。正社員を目指したほうがよい理由を説明する中で、「やりたいことよりも、今やったほうがよいことを優先すべき」という考え方を生徒にも求める指導があるようです。

今回の事例についても同様に、「今は夢よりも学校を優先すべき」という言葉かけをすることが想定できますが、まずは相手に寄り添いながら丁寧に話し手の真意を理解することが、互いの信頼関係を構築し本音で話し合いをするために大切かと思われます。

桜

在学中に
留学したいのですが、
どうしたらいいですか？

高等学校　教師の言葉かけ

「在学中に留学したくなったきっかけは何ですか？　まずは話してくれると、必要な情報を提供できるかもしれません。」

海外に留学したいという気持ちをもつことは、とてもすてきなことですね。

どの国、あるいは地域に留学してみたいですか？　その気持ちはいつ頃から芽生えましたか？

留学してどのようなことを学びたい、あるいは経験してみたいですか？

留学先では、どのような言語の語学力を高めたいと考えていますか？

あなたが求める、日本ではできない、海外ならではの経験とは何ですか？

語学力を高めたい気持ちが強いですか、それとも海外で生活したいという気持ちが強いですか？

留学を考えるときには、まずこの点から明確にしたほうがよさそうですね。

どのようなプログラム、またはエージェントなどを利用して留学しようと考えていますか？

留学について、これまでどのようなことを調べてみましたか？

私も分からないことは一緒に勉強するので、これからも定期的に、留学について話に来てはどうですか？

高等学校　言葉かけの背景

留学したい理由として、語学力を高めたいのか、海外生活を通して生き方を考えたいのか、それとも別の理由があるのかなどをまずは丁寧に聞き取ることから始めるとスムーズです。

例えば語学力を高めたいのであれば、その語学力を使って何をしたいのかを、まずは明確にしていきましょう。

一般的には、英語力を高めたいので英語を学びに留学したいというニーズが多い傾向があります。しかし、例えば英語圏への留学の場合は、最低でも英検2級レベル以上の英語力が求められることが多いようです。この場合、英語が苦手だから留学して得意になりたいという発想が相談者から出された場合は、そもそも留学を希望すること自体、現実的でない可能性があります。

一方、海外での生活を求めている場合は、どこで何をしたいのかを明確にする必要があります。

例えばスイスに留学を希望する理由として、美しいアルプスの山々や日本にはない街並みに触れたい、そして本場のチーズやソーセージを食べたいという希望が出されたと仮定します。この話だけで考えれば、必ずしも留学してまでスイスに行く必要はなさそうです。言葉かけとしては、留学という形式だけではなく、若年者対象の各種サマー・プログラムや、短期の海外ボランティア・プログラム等の紹介などが考えられます。

しかしながら、留学者の拡大は日本政府の方針でもありますので、今後、このような希望が増えることは確実です。この背景には、「日本人は以前に比べて内向きになってしまった」という見方があり、これが政府の方針に反映されているようです。そしてこの課題解決策の1つが留学であることも周知されているところです。

キャリア形成の視点からも、新しいことを知るためには、気持ちを外向きにすることが不可欠だと言われています。留学する理由や経緯は確かに大切ですが、「留学したい」という気持ちそのものがもっと大切というのが近年の考え方です。どのような理由であれ、まずは相談者の気持ちを応援する姿勢が必要だと思われます。

今後更にこうした留学希望者が増加することが見込まれます。相談する教師が留学を特別視せず、一緒に留学について勉強しながら相談を進めていく姿勢がますます求められると思われます。

日本においては、留学を実現する人の多くは交換留学で、こちらが派遣すると先方から受け入れることにもなります。グローバル化の時代ですから、積極的に留学生を受け入れ、学校全体としてホームステイを担ってもらうと、自分の学校の生徒も留学先でこうした温かい配慮を受けているのだと、多くの教師が留学に対して前向きになるかと思われます。

しかし、まれにですが、現在在学している高校からの現実逃避の可能性もあります。「日本の高校はつまらない。それに対して海外の高校は自由」という先入観や、とにかく海外で生活することで語学力が高まるという発想から留学を希望するケースです。この場合は、より多くの留学に関わる情報提供が重要となります。

留学相談に関する多くのケースで、情報が絶対的に欠けていることがあります。まずは進路情報がないと自己理解が深まりません。言い替えると意思決定の根拠が確かでない可能性があるのです。一般的な留学情報に触れる課題（卒業単位の取得方法、留学ガイドブックなどを読んできてもらう、実際に留学した人と連絡を取るなど）に取り組む力を養うことが大切かもしれません。

更には、相手校の状況把握も大切です。どのような環境にあるのか、ホームステイ先が確保できるか、日本のような伝統的な高校か、それとも日本にない教育システムで運営されている高校かなどです。

高校留学は、海外の大学進学とは違い、受け入れる高校があれば実現する可能性が高いのも特徴です。そのため語学力も大切ですが、自分が定めた目標に向かう学ぶ意欲が最も大切だと思われます。様々な経験による高校生の可塑性は驚くべきものがありますので、生徒の可能性を信じて、留学を希望する生徒を快く送り出し、何かあったらすぐ相談できる関係性をつくっておくことがポイントと思われます。

桜

海外の大学に進学したいのですが、どうすればいいですか？

高等学校 **教師の言葉かけ**

「日本の大学より海外の大学進学に関心があるようですね。海外の大学でどんなことをしてみたいのか、まずは聞かせてもらえますか？」


海外の大学進学にチャレンジしたいと考えるなんて、とてもすばらしいことですね。

海外の大学へ進学して語学を学びたいのですか？　世界中の様々な人と知り合いたいのですか？　それとも、海外の大学に行かないと学べないような学問領域に興味・関心があるのですか？

国によって違いはありますが、一般的に大学の仕組みが日本と大きく異なっていることが多いようです。これまで海外の大学進学についてどの程度調べたことがありますか？　また、日本の大学のことも、これまである程度調べてみましたか？

家庭で保護者の方に、海外の大学への進学について相談をしたことや、自分の気持ちについて話をしてみたことはありますか？

日本の大学と海外の大学を比較してみましたか？

海外の大学を卒業した後、どのような仕事をしたいのですか？　または、どのように社会で生きていきたいのですか？　あなたの考えや目標などがあれば教えてください。

高等学校 言葉かけの背景

「海外の大学に進学」というと、一般的に北米の大学をイメージする人が多いようです。ここでは、北米の大学に進学するために求められることを、3つの項目に分けて紹介します。

1つめは入学するための方法の理解です。日本においては、主に難関大学や医学部の一般型選抜試験などにおいて、学科試験に対応するための高い学力が求められます。

一方、北米の大学の入試では、その国の教育理念や価値観、そして希望する大学のアドミッション・ポリシーを熟知した上で、その理解度を現地語によるエッセーなどで提出を求められることがあります。この中では、その大学で何を学びたいのかが明確になっていることが強く求められます。例えば、希望する領域・分野に対してどれだけのことをこれまで取り組んできたかの証明や、入学後どのように学びを積み重ねていくかが具体的に展望されている説明などが挙げられます。

2つめは学費・生活費等の理解です。一般的に、北米の大学への進学にかかる諸費用総額は、日本の大学への進学と比べて桁違いに高額な場合が多いと言われています。

一方で、例えば米国州立大学の中には、2年制のコミュニティ・カレッジのような安価な学費の大学に入学し、4年制大学に編入する方法もあります。早い段階から、進学を目指す国や地域での生活費用の調査や、志望する大学の情報収集を行うことが大切であると言えます。

3つめは英語力です。イギリスのようにIELTS（International English Language Testing System）の高度なスコアを獲得していないと学生ビザが取得できないケースや、UCASのパーソナル・ステートメントのように、英語力の証明にパスしなければ現地の大学への入学許可が下りないことも少なくありません。

更に大学によっては、受験に先駆けて、インターネットや英語のメールなどで、現地の大学や指導を受けたい教授などと照会を繰り返すことが必須となるところもあります。つまり、授業についていけるレベルの英語力があるか、初期段階から試されることになります。生徒には、こうしたやり取りを経験してもらいながら、定期的に相談に来てもらうことなども方法の1つだと思います。

一方で私たちが気を付けなくてはならないのは、せっかくの「何かをしてみたい」と思う意欲に対してただ否定的な見解に直面させるだけでは、その意欲を失わせてしまう危険性があるということです。

「海外の大学に進学したい」という生徒の背中を押しながら、自ら探索できるような支援が必要で、こうした経験の上で現実に向き合わせていく方法もありそうです。自ら気付き、必要に応じ方向修正していくのが理想だと思います。自分で調べながら、難しそうである現実を自分自身との間でアセスメントする（自己評価をする）ことで、進路探索力が育つのではないのでしょうか。

こうした機会をどう提供するか、相談を受ける側に求められている問いと言えるでしょう。この一例としては、ＡＬＴや留学経験のある教師などに相談しながら進学準備を進めていくことも考えられます。

今回のケースの場合、まずは外の世界に飛び出したいという本人の意識を高く評価した上で、この背景（学びに向かう力）を知ろうとする姿勢が大切だと思います。

近年では、「トビタテ！留学ＪＡＰＡＮ」に代表されるような公的支援制度や、返済不要の海外留学のための給付奨学金制度などの仕組みが広がりつつあります。また、国際バカロレア（ＩＢ）資格を得られるＤＰ（Diploma Program）制度をもつ高等学校も日本国内に誕生し、将来的には国内に２００校まで増やす計画もあります。これら施策の背景には、過去に比べて海外で学ぶことを希望する生徒や、将来は海外で働きたいと思う生徒の割合が減少していることも一因と言われています。

こうした状況を受けて、日本国内の大学においても、１年以上の海外留学を必須にする大学や、海外大学の学士資格を日本の大学卒業と同時に取得できるカリキュラムを有する学部も複数誕生しています。今日の経済情勢や社会情勢から推察すると、海外の大学への進学はとても魅力的な選択肢ですが、まずは日本国内の大学が有する語学研修制度や短長期留学プログラムなどの調査も、一度は行うよう促すことも言葉かけの１つと考えられます。

桜

就職すると決めたのですが、
どんな仕事を選べばいいのか
分かりません

高等学校 教師の言葉かけ

「仕事をする上で大切にしたいこと、職業に求めるものは何ですか？　なんとなくでも興味のある業種はありますか？　求人票を一緒に見ていきましょう。」

なぜ進学ではなく、就職することに決めたのですか？　その理由を教えてください。

就職を考える際には、２つの要素から考える必要があると思います。１つめは、どのように仕事をし、どのような役割を果たしたいのか、仕事に求めること、大切にしたいことです。もう１つが、どんな業種、職種で働きたいか、具体的な仕事内容です。この２つを考えていきましょう。

まずは１つめ、自分が職業に求めるものは何かを考えてみましょう。①生きがいがもてる、②お金を稼げる、③社会に貢献できる、④自分の能力を発揮できる、⑤いろいろな人と出会える、この５つに順位を付けてみてください。

どうですか、自分が仕事に求めていることが何か、なんとなくでも分かりましたか？　実際の業種や職種を考える前に、自分が何を大事にしているのかを知っておくことは重要だと思います。

次に２つめ、自分が働きたい業種、職種を考えていきましょう。なんとなくでも興味のある業種、職種はありますか？　あったら教えてください。

もし思い浮かばないようなら、自分の好きなこと・嫌いなこと、得意・不得意から職業を考えてみましょうか。人と協働することが好きなのか、1人で静かに物事を行うのが好きなのか、体を動かすことが得意なのか、コンピュータが得意なのか、様々なことから職業を考えることができます。反対に、「ずっと座っているのは無理」という点でも考えることができます。好きな教科から職業を考えることもできますし、日々楽しいと思うことから職業を探すこともできます。

自分の適性から考えることもできますね。適性を考える検査を受けたことはありますか？　その結果も参考になると思います。また、職業体験やインターンシップに参加して感じたこと、考えたこともヒントになるかもしれません。キャリア・パスポートの記載事項を確認してみてください。

職業を考える書籍から考えることもできます。『13歳のハローワーク』（村上龍著、2003年、幻冬舎）など、職業理解については様々な著作が出ています。これらも参考の1つになると思います。

より具体的に職業について考える方法もあります。実際の求人票を一緒に見ていくことで、どんな仕事を選べばよいのか、考えていきましょう。

求人票の中のどの部分に重きを置きますか。給料、勤務地、休暇、労働時間、仕事内容、仕事の大変さ、将来性など、求人票から様々なことが分かります。自分が大切だと考えている点はどうか、自分が求めていることは手に入るのか、自分ができる仕事なのか、いくつかポイントを絞って求人票を見ていくこともできます。

そこでは、消去法ではなく、自分が働いてみたい、自分を成長させることができる仕事であるという視点で考えてほしいと思います。職業選択は、就職したら終わりではなく、どう生きていくかという自分の一生のキャリア・デザインに関わることです。一緒に考えていきましょう。

高等学校 言葉かけの背景

高校2・3年生を想定しています。最初の問いかけで、就職を決めた状況を確認します。「なぜ進学ではなく就職を選ぶのか」という問いに職業選択のヒントが隠されている場合もありますし、本来は学びたいことがありながら家庭の事情等で就職を選択するケースもあります。そのような場合は、就職したら以後学ぶことが難しいわけではなく、一度就職した後に学ぶ機会を得ることができる道や、働きながら学ぶことができる道を紹介する複線的進路選択を提示できると思います。

次に、職業選択において大切にすること、求めることを確認しています。働くことに何を求めるのか、ここに正解はありません。もちろんその考えがミスマッチを引き起こし、進路選択の失敗につながることもあるかもしれません。しかし、選択した理由がはっきりしていれば、次につながることになると考えます。

そして、どんな職業を希望するかを考えていきます。好きなこと・嫌いなこと、得意・不得意などから考えることもできますし、自分のパーソナリティから「キャリア・アンカー」（個人のキャリア形成で最も大切な価値観や欲求。Schein, E. H.）を探し、そこから職業選択することも考えられます。

しかし、成長とともに適性は変化していくものなので、成長を鑑みて「個に応じたキャリア発達モデル」（Super, D. E.）になるよう、自己理解と進路情報の理解が進むよう、カウンセリングを進めていきます。

また、小・中学校での学びを生かすため、職業体験活動や就業体験活動等の啓発的経験で感じたことを振り返ったり、職業レディネス・テストなどの過去の結果を活用したりすることもできます。キャリア・パスポートの活用で、これまでどのようにキャリア発達してきたかを自己理解することも有効だと考えます。また、問いかけでも示した書籍の活用もできます。

最後に、実際の求人票を利用した職業選択、企業選択の方法も示しましたが、企業との消極的なマッチングではなく、実際の求人票を利用し、職業選択、企業選択における大切なこと、求めること、譲れないこと、本人に適した働き方、将来への展望等を確認していく機会になるように留意する必要性があります。

職業選択、企業選択は、そのときの選択だけでなく、どんな自分になりたいか、どう生きていきたいかという「在り方生き方」の視点も踏まえた上で、自らのキャリア・デザインの流れの中で考えることが大切です。

長

03 人間関係

人とコミュニケーションがうまく取れないので、卒業後の人間関係が不安です

中学校 教師の言葉かけ

「コミュニケーションって難しいですよね。大人でもうまくいかないと思っている人が多いです。どうしていくといいか、一緒に考えてみましょう。」

コミュニケーションに難しさを感じるのは、どのような場面ですか？〔生徒の応答〕

そうですね、相手のことを考えながら話をしたほうがいいのは分かっていますが、相手が何を考えているのか分からないこともありますよね。自分から声をかけたりするのも勇気がいりますね。

でも、相手が伝えたいことや考えていることをしっかり理解して話そうとしているところはいいところですね。

中学校で新たに話せるようになった友達はいませんか？　そのときは、どうやって話せるようになったのでしょうか？〔生徒の応答〕

そうですか、グループワークのときに同じ趣味だと分かったところから、少しずつ話せるようになったのですね。共通点からうまく話が進むということもありますね。

同じ悩みをもっていた先輩たちがどのように乗り越えてきたのか、話を聞いた上で改めて解決策を一緒に考えてみるのはどうですか？

中学校 言葉かけの背景

この問題には2つの背景が考えられます。

1つめは、日頃から抱えているコミュニケーションへの自信のなさです。対応として、すぐに自信をもたせることは難しいので、日頃どういった部分でコミュニケーションがうまく取れないと感じるのかを考えてもらい、よく聴きます。本人の課題意識を理解するとともに、中学校進学の際に成功体験があれば、そこからどうすればうまくいくのかを考えます。

2つめは、新たな環境において人間関係を築くことへの不安です。小学校から中学校に進学する際に「中1ギャップ」として注目されますが、多くの生徒にとっては、高校へ進学するときの「高1クライシス」のほうが人間関係においてギャップが大きくなります。

これには、不安を減らしていくことが大切です。卒業生に相談できる機会をつくることで、卒業後のコミュニケーションをどのように取ればよいかを一緒に考えることができます。周りの生徒も同じ不安をもっているので、一緒に考えたり、困ったらいつでも相談に乗ることを伝えたりすることで、不安を減らすことができるでしょう。

安

高等学校 **教師の言葉かけ**

「どういうときに人とコミュニケーションがうまく取れないと感じますか？　少し詳しく教えてくれませんか？」

コミュニケーションに苦手感をもつことはよくあります。周りの人を見たら、みんなうまく見えますが、それはあなただけではないですよ。自分がどのようなことで人とうまくコミュニケーションを取れないのか、一緒に考えてみましょう。

特に新しい環境での人間関係をつくるときは不安が大きくなるものですね。まずは自分がどのような不安を感じるのかを考えましょう。進学や就職における人間関係については、コミュニケーションがうまくできている卒業生を紹介しますから、話を聞いてみたらどうでしょう。参考になると思います。そして次に会うときに、話を聞いてどう感じたかを聞かせてください。

コミュニケーションでは知識より感情の伝達が重要視されているそうです。コミュニケーションを取るときは、相手の気持ちを考えて、内容が伝わるように言葉を選択して、声の高さや抑揚に変化を付けることや、表情や身振り手振りも活用するといいそうです。また、うまく伝えられないときは、ＳＮＳなどを補助手段として利用してもいいと思います。

卒業後の人間関係でのコミュニケーションをどうすればよいか、また一緒に考えましょう。

高等学校　言葉かけの背景

コミュニケーションに苦手意識をもつことはよくあります。コミュニケーションについてどのように考えているのか、うまく取れる・取れないを本人はどう捉えているかについてじっくり聞き取り、生徒のコミュニケーション観を知った上で対策を立てると効果的です。

まず自分が、どのようなことで人とうまくコミュニケーションを取れないのかを考えてもらいます（自己理解）。メラビアンの法則では、コミュニケーションは知識より感情の伝達に重きが置かれていることを示しています。考えていることを相手に伝えることがうまくいかないときに、ＳＮＳなど補助的な手段の利用も考え、どのように克服すればよいかを一緒に考えていきます。

特に、新しい環境での人間関係をつくるときは不安が大きくなるものです。まずは本人がどのような不安感をもつのか自己理解を促し、その不安感にしっかり耳を傾けます（傾聴）。進学や就職してからの人間関係については、コミュニケーションの上手な（聞き上手な）先輩を紹介し、生徒自身でインタビューをさせ、次の面談につなげます。

相談中も受け答えを褒めて効力感を高める工夫も必要です。それを次のカウンセリングにつなげ、卒業後の人間関係でのコミュニケーションをどうすればよいかを一緒に考えていきます。　高

自分の進路希望と
保護者の意見が合いません。
どうすればいいですか？

「どのような状況なのか教えてもらえますか？ 自分と保護者の方の考えが一致しない理由はどこにあると考えますか？」

上級学校に進学する際に、進学することは決めていても、学びたい内容、学びたい場所を選択するに当たり、保護者と意見が合わないことはよくあることです。自分の思いと保護者の考えが一致しないことは珍しいことではありませんので、元気を出してください。進路決定は人生における大事な選択なので、双方が納得して最終的に進路決定をしていくことが大切です。そのためには考え方が一致するところ、違うところを確認するところからがスタートになります。

まず、お互いの思いを改めてしっかり伝え合ってもらいたいです。保護者の意見をしっかり聞いて、思いを受け止めることから出発しましょう。

次に、情報の確認です。お互いにどのような情報や根拠を基に進路を提示したのか確認できるといいですね。場合によっては、更に情報を求めていくことも考えられるでしょう。

また、高校は、中学校と異なり義務教育ではありませんから、経済的な負担も生じてきます。場合によっては、高校卒業後の進路も考えていく必要があるかもしれません。奨学金等も含めて、様々な可能性を探りながら進めていきましょう。

しかしながら、受験の手続きに間に合うように決定しないといけません。保護者との話し合いのスケジュールを決めて継続して進めていきましょう。決定までの時間が確保できないときは、すぐに学校に連絡を入れてください。

中学校 言葉かけの背景

青年期は、身体的成熟が急速に進み、知的・社会的な発達も加わるため、大人に頼らず、自分で意思決定したいと思う時期です。この時期の生徒は大人に頼りたくないという思いから、自分から来談しないケースも多いので、定期相談や懇談をうまく活用することが求められます。

進路の選択、決定には保護者の理解と了承が必要です。生徒と保護者の考えの違いに対処しなければならない場面は珍しいことではありません。世代間の価値観の違いがこのようなケースの背景にはよく見られます。限られた期間に双方が納得した進路決定ができるように、生徒、保護者、学校の三者の連携機能を発揮する必要があります。

二者面談の後には必要に応じて、家庭での話し合いの機会を得、その内容を保護者に簡略に報告してもらいます。三者面談の前には、簡単な調査で生徒と保護者の考えを把握しておきます。保護者が必要としている進路情報を事前に聴取するなど、事前の手立てを講じることが考えられます。

進路事務から逆算してスケジュールを立て、必要に応じて面談を実施し、正確な進路情報に基づいて、生徒、保護者双方の納得を得ながら着実に進めることが大切です。

野

高等学校　教師の言葉かけ

「保護者と進路に対する意見が合わないのですね。自分の進路希望は保護者と意見が合っているほうが安心ですよね。よい方向へ進める策は何でしょう？」

保護者と進路に関して意見が合わないということですが、あなたの考えはどの程度まで保護者の方に伝わっていると思いますか？

これまで進路実現に向けて自分が頑張ってきたことや、なぜその進路に進みたいと考えているのかは伝わっていますか？

まずは、あなた自身がどれだけ本気でその進路に進みたいと考えているかを保護者に伝えてみましょう。納得できる理由や説明があれば、保護者もあなたを応援してくれると思いますよ。一緒に歩み寄りの材料探しをしていきましょう。

それと同時に、なぜ保護者があなたの希望する進路について意見が合わないのかも確認させてもらいたいのですが、保護者からもお話を伺っていいですか？

あなたと保護者それぞれの考えを聞いた上で、今後どのように進めていくかを一緒に検討してきましょう。

高等学校 言葉かけの背景

この問題には、生徒と保護者両方への働きかけが必要になります。双方から聞き取りを行い、誤解や思い違いが一因になっているのであれば、的確な情報を提供し、双方の認識を修正することで不要な対峙を回避できます。

誤解や思い違いが原因でない場合、次のような働きかけを行っています。

生徒に対しては、希望する進路を選択した理由、その進路に関してどれだけ掘り下げて調べたか、進路実現に向けてどれだけ努力してきたか等を丁寧に聞き取ります。また、保護者は基本的に子ども（生徒）を支援する立場にあること、納得できる理由や説明があれば応援してくれるであろうことを伝えます。そして、生徒自らが保護者を説得するための支援活動を行います。

同時に、希望進路について保護者となぜ意見が合わないのか考える機会も設けます。その結果、自分の稚拙な考え方（みんなが進学するから自分も進学する等）が原因だと考えるようであれば「学ぶことの意義」等に関するカウンセリングへ移行することも有益であると考えます。

保護者に対しても意見が合わない理由を聞き取り、「自分は高卒なので子供には大学に進学してほしい」等の保護者の思いに起因するものであれば、保護者の思いは尊重しますが、最終的な判断の機会を本人から奪うことがないように伝えます。また同時に、このような保護者には大学進学に関する的確な情報を伝えることも大切になります。

仮に経済的なことが理由で反対しているのであれば、生徒にそのことを正直に伝えるよう促し、生徒も含めて改めてカウンセリングの機会を設けていきます。

多

スポーツ推薦入試を
勧められましたが、もう
スポーツは続けたくないです

中学校 教師の言葉かけ

「スポーツ推薦を勧められたということは、今までの努力と結果が認められた証拠ですね。でも、決めるのは自分自身。納得する答えを探してみませんか？」

スポーツ推薦入試を部活動の顧問の先生から勧められている立場では、なかなか切り出せない悩みだったのではないですか？　大事な進路の悩みを相談してくれてありがとう。スポーツ推薦入試は、これまでの努力が多くの人に認められた証です。ここまで頑張ることができた自分に、ぜひ自信をもってくださいね。

ですが、現在はそのスポーツをもう続けたくないという気持ちもあるということは、きっと何か理由があるのですよね？　そして、自分ではどうしてよいか分からないのですね？

でも、スポーツ推薦入試を受けるかどうかを決めるのは、あなた自身です。ここまで結果を出せた裏では、どのようなときでもあなたを支えてくださった方々が大勢いると思います。その方々にもあなたの言葉で説明できるくらい、心から納得できる答えを探してみませんか？　そのほうが進学後も頑張れると思います。

まずは、自分でもどうしてよいか分からない気持ちを整理するためにも、進学後に自分が取り組みたいことは何かを明確にすることをお勧めします。進学先に関する情報は進路指導室にたくさんありますし、当然相談にも乗りますから、必要であれば遠慮せずに声をかけてくださいね。

中学校 言葉かけの背景

スポーツ推薦入試を顧問の先生から勧められるということは、これまでかなりの努力をして結果を残している生徒だと言えます。そのような生徒がスポーツ推薦入試に悩み、そのスポーツを続けたくないという気持ちももっている状況です。

勇気をもって今の気持ちを打ち明けてくれたことに対してまずは感謝をし、生徒の気持ちを受け止めることから始めます。ここではカウンセリング・マインドの「共感」が有効となります。その後、スポーツ推薦入試がどのような入試なのかを確認するところから始めます。会話を重ねていくうちに、様々な情報が出てくることが予想されます。ここではカウンセリング・マインドの「傾聴」が有効となります。

しかし、主訴として「自分でもどうしたらよいのか分かりません」と言っていることから、本人も迷っている心境であることがうかがえます。最終的は、その悩みに向き合い、自分の進路について納得のいく結論を自分自身で出せることが望ましいと考えます。

その部分を考える段階に入ったら、進路指導の6活動における自己理解「個人資料に基づいて生徒理解を深める活動と、正しい自己理解を生徒に得させる活動」が必要となります。例えば自己理解シートを用意し、進学先を決めるのに必要な条件を書き出してもらいます。その内容を踏まえてキャリア・カウンセリングを行い、自己理解を深め、進学先に求めるものを明確にしていく方法もあります。

この流れを繰り返すことで、スポーツ推薦を受けるのか受けないのかの論点が明確になり、自分自身で判断できるようになると考えられます。伊

高等学校 教師の言葉かけ

「ここまでよく競技スポーツを続けてきましたね。そして、これまで結果を出してきたのですね。まずは、スポーツを続けたくない理由を教えてくれませんか？」

顧問の先生からいただいた推薦入学のお話をお断りするのに、辛いという気持ちがありますか？

これまで顧問の先生や大学の先生とは、どのような話し合いをしてきたのか教えてくれますか？

もうスポーツを続けたくない理由について教えてもらうことはできますか？

保護者は、この件についてどのようなご意見をおもちですか？

進路について、この先どうしていきたいと思っているのか、聞かせてもらっていいですか？

スポーツを続けない場合の進路をこれから考えなくてはいけないという危機感や焦りのようなものを感じていますか？

ご家庭の経済的負担がとても大きくて、これ以上競技を続けることが難しいと思っていることはないですか？

高等学校 言葉かけの背景

スポーツ推薦入試を勧められるということは、そのスポーツの競技者として顧問や大学の指導者から高く評価されていることが考えられます。それにもかかわらず、競技を続けたくないと訴えているわけですから、その理由について理解することが必要です。

まずは、生徒が置かれている状況や生徒の心情を理解することから始めることが大切です。具体的には、進路について保護者や顧問、そして担任とこれまでどのような相談をしたのか、生徒の進路に対する考え方はどうか、競技を続けたくない理由などを丁寧に聞き取る必要があるでしょう。その際、理由を追及するのではなく、生徒の話から情報を得る姿勢が重要です。生徒の話に寄り添うことを心がけ、安心して本音が言える環境をつくりましょう。

また、4年制大学のスポーツ推薦入試は、主に高校の顧問教員等と大学の監督とのやり取りが合否に影響するケースが多い実態があります。そのため生徒が、その大学の該当部活の状況や競技レベルについて熟知している場合でも、勧められている大学の学部での学びや研究内容、また大学卒業後の進路がよく分からず、行きたくない、または自分の進路を狭めるかもしれないという危機感が高まった可能性も考えられます。

今回のケースについては、大学卒業後のキャリア・プランを考えるなどして、俯瞰的に今後の生き方について考える機会をつくることが大切だと思われます。

桜

04 移行不安

勉強が大変で、
ついていくのがやっとです。
どうしたらいいですか？

中学校 教師の言葉かけ

「新しい環境に慣れたようですね。勉強に取り組むとき、「こんなはずではなかった」と感じているのはどのようなことですか？」

新しい環境に身を置いて、きっと頑張っているのだと思います。1人で抱えず相談に来てくれてありがとう。中学校は小学校と違うことが多く、慣れるまで大変でしたね。教科によって先生が変わりますし、試験のやり方、宿題の出し方など大きく異なるので大変だったと思います。また、学習の難易度が上がったり、専門性が高くなったりします。そのため、大変な思いを抱いている人はきっとあなただけではないと思いますよ。

勉強に追いついていくのがやっとということですが、具体的にどのような状況でしょうか？ 教科、課題、試験への取り組み等、現在の状況を分析してみましょう。もし苦手な教科があるなどして困っている状況があれば、現状を踏まえた上で、家庭学習も含めて対策を考えていくことが重要です。

心配なのは勉強に集中できる環境面です。もし、勉強面以外で悩みなどが生じていたら、集中するのは難しいですね。こうした点での学校生活の様子はどうですか？ もし何かあればそちらのほうを解決することも大事です。思い当たることがあれば相談してくださいね。

学習の結果は卒業後の進路決定にも影響します。卒業後の進路をどうしていきたいか等も同時に考えていくことも必要になってきます。まず、できることを一緒に探していきましょう。

中学校 言葉かけの背景

児童生徒の個性を重視する一方で、一律の修業年限で次の進路先に移行させていく状況の学校教育では、移行先での適応問題は看過できなくなっています。「進路指導の6活動」の「移行支援」となる、移行先に適応するための知識や技能を身に付ける支援が重要になります。また、いつでも移行前の学校に戻り相談できる体制を整え、生徒に伝えることも追指導につながります。

キャリア・カウンセリングの機会として最も重要なことは、移行してすぐの段階で行い、入学当初の学校適応を保障していくことにあります。知識や経験が少ない、入学して間もない時期の中学生が、小学校生活との違いを目の当たりにし不安を抱くことはごく自然なことです。

今直面している問題を解決する道筋を共に考え、生徒の不安を共有し、適応を促すことが急務です。この段階で、同じような悩みを抱えている生徒とのピア・サポートを取り入れることも有効です。

この機を生かし、ジェプセン（Jepsen, D. A.）の「ストーリーとしてのキャリア」理論に基づいて、生徒自身が自己理解を深め、困ったときに支援を求めることができる「登場人物」を学級や部活を通して確保するよう勧めることも大切です。

野

高等学校　教師の言葉かけ

「勉強が大変なのに、ついていくことができてすごいですね。どのようにしてついていけているのですか？　その中で、どんなことに悩んでいるのですか？」

勉強が大変なのですね。でも、ついていけていてすごいですね。頑張っているのですね。

今、どのようにしてついていくことができているのですか？　自分が実際に行っていることや努力していることを、よかったら教えてもらえませんか？〔生徒の応答〕

頑張っていますね。でも、余裕はないということですか？　あなたが考えている「ついていけている水準」とは、どの程度を指すのでしょう？　もしかしたら、ほかの人より高い基準があるのかもしれませんね。

また、たとえついていけない面があっても、ついていこうとしていること自体がすばらしいことです。もちろん、ついていくために悩みもありますよね。具体的に何が悩みなのか、教えてもらえますか？

ついていけないと感じることもありますか？　あるとすれば、どの部分か教えてくれますか？

勉強について、保護者から何か言われることはありますか？　先生からはどうですか？　友達からはどうですか？

担当の先生や先輩、友達には相談していますか？　すでに相談していたのなら、参考になったことはありますか？　また、違うと思ったことはありますか？　相談していないのであれば、なぜ相談していないのか、教えてもらえますか？

今、解決できることを、一つ一つ一緒に考えていきましょう。同じような悩みをもった先輩の話を聞くこともできるし、相談できる場所を探すこともできるかもしれません。

高等学校　言葉かけの背景

まずは、勉強が大変であるという本人の思いを共有し、その上で、勉強についていけていること、ついていこうとしていることを褒め、自己肯定感が高まるように話をします。

本人の要求水準が非常に高いことが悩みの原因である場合もありますし、反対に、授業が分からないという悩みの可能性も考えられるので、生徒の発言、様子を注意深く観察し、悩みの内容を確認していくことが大事です。

また、努力や頑張りが限界なのかもしれませんし、他にやりたいことがあることが悩みであったり、保護者や教師の言動、友達の存在がプレッシャーになっていたりなど、様々な可能性があります。悩みの本質がどこにあるのか確認することが重要です。そのため、様々な言葉かけで丁寧に話を聞いた上で、その悩みに一緒に向き合うことを提案していきます。とにかく丁寧にカウンセリングを行い、生徒に寄り添うことが大事だと考えます。

悩みの内容が勉強の理解や方法等であれば、先輩から話を聞く機会を提案したり、サポートする仕組みを一緒に探したりすることが可能です。また、保護者や教師の言動が悩みの要因であれば、そのことを自覚させることと、その背景を考えることが解決への一歩になります。

ときには、本人が本質を分かっていて、どうしたいか結論をもっている場合もあるので、注意が必要です。理論的には、まずは「進路指導の6活動」の「自己理解」が必要であり、その解決に向けて「進路情報の理解」を工夫してカウンセリングに取り入れてください。

（長）

受験が不安です。
私は高校に行けますか？

中学校 教師の言葉かけ

「確かに初めての人にとって、受験は未知で不安ですね。どんなふうに不安なのか、もう少し話してくれませんか？」

未知なことって漠然とした不安がありますよね。私も受験が不安だったのでよく分かります。まずはどんなふうに不安なのか、少しずつでいいので今思っていることを話してください。話していると自分の考えが整理できて、すこし不安が和らぐかもしれません。

まだ中学1年生なので、受験に関する情報やイメージが少ないのかもしれませんね。中学校ではこれから進路学習の中で「自分はどうやって生きていきたいか」「どのような仕事をしたいのか」「そのためにどのような高校に行こうか」など、進路について順々に考えを深めていきます。

また、先輩や社会で働いている人の話を聞いたり、職場体験や行事や委員会などで仕事をする中で「自分に合っている」とか「楽しい」と思えるものを見付けたりしながら、自分の考えを整理していきます。中学校生活の中の経験や様々な人との出会いから、高校に進学する自分をイメージしていくことができるようになると思うので、そう不安にならなくても大丈夫ですよ。

そうは言っても不安は残ると思うので、受験の仕組みや進学先の情報を少しずつ調べてみてもいいかもしれません。受験情報誌や高校のパンフレット、インターネットにもたくさん情報があります。気になることや分からないことがあれば、気軽に聞いてください。

勉強の調子はどうですか？　成績が心配なら、具体的な学習計画を見直しましょう。力試しに模擬試験を受けることも検討してもいいかもしれません。また、高校見学に行ったことはありますか？　１校でも見学に行くと、高校の雰囲気がつかめるかもしれません。

受験について気軽に相談できる人はいますか？　１人でもやもやせずに、今日のように先生に気軽に声をかけてください。進路学習の中で同級生の受験や将来に対する考え方を知るのも参考になるかもしれません。

中学校　言葉かけの背景

多くの中学生にとって高校受験が人生初めての受験となるため、中学校では比較的よく現れる悩みです。特に兄や姉、仲のいい先輩などの身近なモデルがいない生徒にとっては「受験はなんだか分からないけど怖いもの」「落とされるのではないか」という漠然とした不安があります。

本事例は中学1年生を想定した言葉かけのため、時間的な猶予があり、じっくりと進路学習を進めていくことができますが、学年によっては対応にスピード感が求められる場合があります。

まずは生徒の語りを傾聴しながら、生徒が自分で気持ちや状況を整理し、答えや対処方法を見付けることを支援します。語りの中で誤解や思い込みがある場合は、丁寧に説明し解消します。そして、進路決定までのステップを紹介し、生活や学習の中からスモールステップで自分が進学するイメージをつくっていけばよいことを伝えます。

その上で「進路指導の6活動」に則り、「今、何を不安に感じるのか」「成績や学習に不安がないか」などの問いの答えとなる情報を収集し、受験や上級学校に関する基本的な知識や、現在の学習状況などを客観的に捉えることができるようにし、自己理解を促進します。

同時に、模擬試験を受けてみることや、高校見学などの啓発的経験を促します。模擬試験によって学習状況や各高校の合格可能性などの客観的な自己情報を得ることができ、受験への具体的な方策を立てることが可能となります。

実際に高校を見学することで、通学路や校舎の雰囲気、在校生の様子やカリキュラムの内容などを実感を伴って知ることができるので、「気に入った」「気に入らない」の判断基準になり、進路選択や進路決定の一助とすることができます。噂ではなく、自分の目で確認することの重要性を伝え、納得感をもって前向きに自己実現に取り組んでいくことを支援します。

また、1人で悩まず、気軽に教師に相談してよいことを知らせるとともに、進路学習などで同級生同士、考えを共有できる風土をつくっておくことも大切です。生徒が様々な考えに触れながら視野を広げることで、悩みの重症化や孤立化を未然に防止することができます。

［百］

なんのために
上級学校に進学するのか
分かりません

中学校 教師の言葉かけ

「あなたの人生において上級学校がどのような位置付けにあるのか、この機会にじっくりと考えてみませんか？　きっと答えに近付けると思います。」

進学するまでにまだ時間がありますから、何のために上級学校に行くのか、よく分からないこともありますよね。場合によっては「自分で考えなさい」と言われてしまいそうな内容ですが、その素直な気持ちを伝えてくれてありがとう。相談してくれた「何のために？」という問いは、上級学校に進学すると自分に何が起こるのかを理解するために大切ですね。

自分が納得していることに取り組むときは、多少大変なことがあっても最後まで頑張りきれるものです。例えば、定期考査が近くなったときに「目標の平均80点を達成するためには、1日2時間は勉強が必要だから、毎日少しずつ頑張ろう！」と納得して勉強すると、多少辛くても最後まで頑張れますよね。同じように、上級学校に納得して進学し、多少辛いことがあっても有意義な学校生活が送れるように、あなたにとっての上級学校の位置付けを一緒に考えてみませんか？

未来は完璧に予想することなどできません。だから、難しく考えることはありません。でも、進学することと、20歳、30歳になった自分の人生を関連付けることは大切です。進学せずに早く社会に出るか、進学して学びを深めるか、両方によさがありますね。「将来こんな自分になりたい」という願いが明確になればなるほど、「何のために」進学するのかという答えに近付けると思います。

中学校 言葉かけの背景

2020年度のデータでは、中学校を卒業した後に高校等へ進学する割合が98・8%という高水準の状況である反面、高校中退者は2022年度では4万3000人以上おり、その43・9%が進路変更を理由としています。

このことからも、明確な目的をもたずに進学してしまう生徒も多いことが分かります。このような質問は案外多いと思われますが、ついつい「自分で考えないといけません」と言いたくなってしまいます。しかし、「何のために進学するのか」ということについて理解を深めるためには、進路情報を伴った自己理解を深める必要があり、そのためには他者の協力も必要となります。

まずは傾聴や共感をしながらじっくり話を聞くことが重要です。次に、自分の人生における上級学校の位置付けを考えるようにします。例えば自分の人生の予想を年表形式で書く活動をすることで、高校の位置付けが把握しやすくなります。その後はキャリア・カウンセリングを何度か行い、必要な進路情報も提供しながら、本人が自分なりに理解を深める手伝いをします。

最終的には生徒が自力で答えを出すことが望ましいため、ある程度長期間の支援になるケースもあります。今回のケースは中学2年生の3学期頃を想定していますが、卒業直前にこのような相談を受けた場合は、移行支援と捉え、迅速な対応が求められます。
伊

高等学校 教師の言葉かけ

「この機会に、上級学校に行く意義について改めて考えてみませんか？　まずは、あなたの将来の夢や目標があれば教えてください。」

今は高校を卒業すると多くの人が上級学校へ進学する時代ですから、あなたも進学するかどうかを考えたのですね。上級学校へ進学した人たちにとっては、上級学校での学びが将来の自分に必要だったのだと思います。まず、何のために上級学校があるのかを考え、次にあなたにとって上級学校進学が必要なのかどうかを一緒に考えていきましょう。更に、あなたが自分の将来についてどう考えているのか、上級学校での学びをどのように考えているのかを聞かせてもらえますか？

あなたは自分が将来何をしたいのか、まだはっきり見付かっていないのですね。では、そこから一緒に考えていきましょう。次回は、あなたが興味をもっていることから将来の進路選択につながっていくことがないかを一緒に考えていきたいと思います。今興味をもっていることや、ずっと変わらない、あなたが生きていく上で大切にしているものについて聞かせてください。

高等学校　言葉かけの背景

生徒がこのような問いかけをしてくる場合、本人が上級学校で学ぶことの意義を見付けられずにいるケースと、本人の意思とは関係なく、保護者や周囲が「上級学校には行っておいたほうがよい」といった働きかけをしているケースとが考えられます。まずは本人が将来の進路希望についてどれだけの知識があり、どのように考えているかを聞き取ります。

本人から話を聞いた上で、今回の事例のように将来の進路希望が定まっておらず、進学することへの意義が見いだせないようであれば、将来について一緒に考えていくカウンセリングへと移行します。また、希望進路がある程度固まっているようであれば、進学の必要性があるのかないのか、進学することでのメリット・デメリット等について考えていくカウンセリングへと移行します。

もし進学に対して保護者や周囲の思いが生徒へ一方的に伝えられているケースであれば、本人だけでなく、保護者や周囲へのアプローチも必要になります。生徒自身の思いを聞き取り、それぞれの思いを共有する場を設け、お互いが納得できる方向へ導くための支援を行っていきます。

いずれのケースにおいても、上級学校進学は最終ゴールではなく、そこで何を学び、どのような資質・能力を身に付けるかを明確にした上で進学する必要があることを伝えます。　多

大人になったら、どうしても働かないといけませんか？

中学校 **教師の言葉かけ**

「一般的には、働かないと生活できないと言われていますよね。ですが、あなたがなぜそのように思っているのかをまずは教えてもらえませんか？」

「そんなことは当たり前でしょ」と言われてしまいそうな質問ですが、どうしても働かないといけないのか、気になりますよね。「当たり前」を「当たり前」とせず追求しようとする姿勢がすごいと思いました。

そもそも「働く」とは何でしょうか？　簡単に言えば「仕事をする」ということですよね。では、仕事をすることで得られるものは何でしょうか？　実は、大きく分けて3つあります。

1つは、自分の長所をより伸ばせたり、やりたいことに思いきり取り組めたりすることです。

もう1つは、仕事を通じて社会に貢献することです。

最後は、みなさんにとって一番分かりやすい「収入」です。お金がなくてご飯を食べられますか？　友達と遊びに行けますか？　多くの人たちが言っている「生活するために働く」という意見は事実です。

ただ、お金を得るために働くのは大切なことですが、お金のためだけに働くのは、辛くて続かないのではないかな、と思います。

仕事をして得られるものは、お金以外にもたくさんあります。それはあなたが普段取り組んでいる委員会活動や係活動でも得られるものです。自分の役割に一生懸命取り組みながら、働くことで得られるものを感じ取ってほしいです。

きっとこの質問に対する答えを、自分自身で見付けられるはずです。1つでも分かったら、ぜひ教えてください。楽しみにしています。

中学校 言葉かけの背景

大人にとっては「そんなことは当たり前でしょ」と一言で片付けてしまいがちな質問ですが、中学生にとっては非常に関心の高い質問です。疑問に思ったことを追求する姿勢をしっかりと受容しながら、職業の3要素である「個人性」「社会性」「経済性」について理解が深まるよう一緒に考えていきます。

次に、この生徒がそもそもなぜこのような質問をしようと思ったのかを探っていきます。様々な理由が考えられますが、一番多いのは「『働くこと＝生活していくためのお金を手に入れること』とよく言われることが、本当なのかどうか知りたい」という気持ちだと思われます。

生活していくために働いている人が大半であるため、その事実は伝えます。しかし、それだけではなく、仕事の魅力や仕事を通じた人間的な成長なども伝えることが重要です。それにより、働くことに対して前向きで明るいイメージを生徒がもてるようにするためです。

更に、普段の生活の中でも自分の役割を通じて達成感や人間的な成長等を感じることができることも伝え、学校生活の充実につながるようにします。

伊

高等学校 教師の言葉かけ

「あなたにとって、「大人」とは何歳くらいからなのか、「働く」とはどんなイメージなのか、大体でいいので教えてくれませんか？」


なぜ「働かないといけない」と考えているのか、もう少し詳しく教えてくれませんか？

あなたの考える「大人」とは何歳くらいからだと思いますか？　あなたにとって大人のイメージはどんな感じですか？

「どうしても」とは、どのような意味で言っているのか聞いてもいいですか？

あなたとって「働く」とは、アルバイト、それとも正社員（職員）のイメージですか？

あなたの周囲にいる大人に対しての印象、また、働いている大人に対するイメージを聞かせてください。

働くことに対して、あなたはどのような情報や考えをもっていますか？　もしよければ話を聞かせてください。

働いてみたことはありますか？　それはどのような仕事で、どのようなことを感じましたか？

高等学校　言葉かけの背景

まずは、「働かなければいけない」「大人」「働く」という言葉に着目しながら、職業選択の基準や重視する点について、丁寧に聞き取りをすることから始めます。生徒が答えやすい開かれた質問を繰り返し、信頼関係を築きながら、質問の意味を明確にすることを目標にします。このときに大切なのは、生徒の身近にいる大人がどのような人たちなのかについて、こちらが十分理解していないことを前提に、まずは生徒が置かれている状況（境遇や職業観）を受け入れ、寄り添います。

生徒の保護者など身近な大人が、労働に関するトラブル（雇用、処遇、長時間労働、取り引き先とのトラブル、仕事に起因した心身の不調など）に巻き込まれている場合、生徒が仕事に対して肯定的なイメージをもてないことが容易に考えられます。特に、家族に仕事を継続的にもっている人がいない環境で育った場合、働くことに具体的なイメージがもてないのは当然のことでしょう。

更に、生徒の意識の中に、働くことに対して強烈に否定的なイメージをもっている場合もあります。例えば、働くことを「やりたくないことをしなければならない」「仕事で自分の時間を取られる」「組織の中で働くと自分の個性が発揮できない」などと捉えている場合です。
今回は、「働く」ことに対する偏ったイメージの是正や、肯定的な捉え方への移行が最終目標として考えられます。働かないことで、仕事を通して社会に「貢献」し、その対価である「給料」を得るという社会とのつながりが途絶えてしまうことが、自分にとってどのような意味があるか、考えてもらうことが大切かと思われます。

桜

第1志望に合格したものの、
勉強についていけるか
不安です

中学校 **教師の言葉かけ**

「進学後、特に勉強のことが気がかりなのですね。高校でどんな勉強をするのか、情報を集めてみませんか？」

今まで合格に向けて一直線に頑張ってきただけに、いざ合格すると新生活が急に現実的になって不安になりますよね。でもそれは、次のステップについて具体的に考えている証拠です。どんなふうに不安なのか、ゆっくり話を聞かせてください。話していると気持ちの整理ができて、少し不安が和らぐかもしれません。

勉強についていけるかが不安と言っていましたが、どんなふうに不安ですか？　何か対策は思い付きますか？　例えば中学校の復習を完璧にしておくとか、ちょっと難しい入試問題を解いてみるとか、高校の勉強を調べてみるとかです。少し行動してみると、不安は和らぐかもしれません。

卒業生に、高校進学時の話を聞くこともヒントになると思います。あとは通学経路や在校生の雰囲気を見に、春休み中に高校に行ってみるのもいいかもしれません。

もしかしたら、勉強だけではなくて、これから出会う新しい友達や先生、環境など、様々なことに対して期待と不安がないまぜになっているということはないですか？　小さなことでもいいので、心配事があったらいつでも話を聞かせてください。

中学校 言葉かけの背景

多くの中学生にとって高校進学は初めての進路選択、進路決定であるため、移行が不安な生徒は大勢います。また、理想にしていた第1志望が現実になった途端、理想と現実のギャップが一挙になくなり、不安感を伴うことはよくあることです。合格が難しいと言われてきたところに合格した場合は特にです。不安を全て取り除くことはできなくても、新生活への期待を大きくさせ、進学後の適応を促したいところです。これも「移行支援」です。

まずは「受容」と「傾聴」を基軸に、生徒に気持ちや考え、状況などを語ってもらいます。そしてその語りの中から、生徒が自分自身で不安のもとや不安との付き合い方を見付け出すことを支援します。

その上で、「進路指導の6活動」に則り、「何が不安で、どうしたら不安を低減できるのか」等の自己理解と、高校の勉強の内容や進学先の情報など進路情報の理解を促進させます。同時に中学校の学習内容を復習する、高校の勉強の予習をする、高校を見に行く、先輩の話を聞くといった啓発的経験を促し、実感をもって不安を乗り越えることを支援します。

また、移行に対して不安な気持ちをもった生徒は他にも大勢いると考えられるので、学年で「卒業生の話を聞く会・卒業間近編」などを行い、先輩の移行時の話を聞くことも一助になると考えられます。不安な気持ちを同級生と共有することで、ピア・カウンセリングの効果が期待できます。

百

高等学校　教師の言葉かけ

「第1志望にしていた大学だからこそ、不安もありますよね。どうしたら大学生活を安心してスタートできるか、一緒に考えましょう。」

第1志望の合格おめでとう。あなたが頑張った成果です。目標が叶って先生もうれしいです。第1志望だからこそ、入学後の学びに不安がありますよね。まず具体的に何が不安なのか、一緒に考えてみましょう。〔生徒の応答〕

なるほど、入学後、何が不安なのかがよく分かりました。○○が不安だったのですね。どうしたら目標としていた大学での生活を安心してスタートできるか、一緒に考えてみましょう。

あなたが不安だと思っていることを、大学に進学した先輩に聞いてみるのはどうでしょう？　入学前に同じような悩みをもっていたので、不安を和らげるためのヒントがもらえるかもしれません。また、大学を訪ねてみるのはどうでしょう？　学習をサポートする仕組みや悩みなどを相談する制度について知ることができるかもしれません。もし訪問するのが難しければ、一緒に調べることもできます。

また、大学で初めて学ぶことも多いから、実はスタートラインはみんな一緒の面もあります。

何か他に気がかりなことはありますか？　家族や友達との関係はどうですか？　何かあれば一緒に整理しましょう。

でも、最終的に選択するのは自分です。選択がよかったかどうかは、これからの自分次第の面もあるから、しっかり考えましょう。入学後何かあれば相談に乗るので、いつでも訪ねてきてくださいね。

高等学校　言葉かけの背景

最初に、第1志望に合格したことを喜びます。本人の頑張った成果を認めることは、自己肯定感にもつながります。

次に、不安であることを受け入れ、その不安が何かを確認していきます。不安の中身は、漠然とした不安から、語学、苦手科目、プレゼンテーション、実習など中身は様々考えられます。人間関係や通学時間、一人暮らしが不安要素である場合もあると思います。

また、情報不足やそこからくる思い込み、思い違いが要因の場合もあります。更に、期待の裏返しから、本当に希望を叶えることができるのか、その不確実性から不安感として現れることもあります。本人の不安の要因がどこにあるのか、丁寧にカウンセリングをして本人の不安を共有していきます。

そして、進学予定の大学や学部（あるいは同じような大学や学部）に進学した先輩を紹介して話を聞く機会を設けたり、大学によるサポート制度を紹介したりして、具体的に不安を少しでも和らげていく手立てを講じていきます。

今回の事例では、進路指導の6活動のうち「自己理解」と「進路情報の理解」を併せて行うことが大事です。不安を進路情報の理解と自己理解のメカニズムで低減させることも可能です。加えて、進学後にも相談に乗るなど「追指導」を提示することも不安の軽減につながります。

また、本人や保護者の考えの変化、友人関係など、悩みの本質が違うこともあります。本人や保護者等の意向を改めて確認して、丁寧に移行を援助していく必要があります。

長

第1志望ではないので、高校生活で頑張りたいことが見付かりません

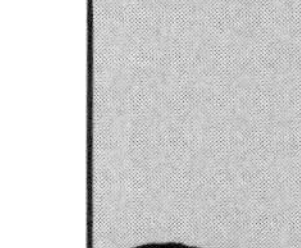

中学校 教師の言葉かけ

「辛い気持ちはとてもよく分かります。でも、どの高校に進学するかよりも、進学した先で何をするかのほうが大切です。ここで夢を諦めてはいけません。」

最近、授業で会っても元気がないと思っていました。受験の結果が関係していますか？　私もそうだったけれど、どうしても行きたいと願っていた第1志望校に進学できないのは、辛いですよね。その気持ちは、痛いほど分かります。

そんなあなたに、聞いてほしいことがあります。高校の新入生に行った、ある調査（※）についてのお話です。高校生活への適応には何が関係するかを調べたものです。結果として、高校生活への適応については、「第1希望だった」との関連は大変弱く、「高校生活が充実している」との関連が強いことが分かりました。

この調査から分かることは、高校は、どこに進学するかよりも、入学後何をするかのほうが充実した高校生活を送るためには大切だということです。今は本当に悔しい気持ちでいっぱいだと思います。だからこそ、「与えられた環境の中で、その時々で自分にできることを全力でやろう」という気持ちでいてほしいです。

今度の高校に入ったことが、自分の人生にとって価値ある経験だったと振り返れるような高校生活になることを、私は心から願っています。卒業しても、何かあればいつでも相談に来てください。これからも先生たちはあなたの味方ですよ。

中学校 言葉かけの背景

中学3年生を担当していると、3学期にこのような悩みの生徒に出会うことがあります。第1志望校への入学を強く願い努力を重ね続けてきた生徒ほど、不合格だった際の心理的ダメージが大きいことは想像に難くありません。自分が努力してきたことを全て否定されているように感じる生徒も多いため、まずは努力を労い、じっくりと共感をしていくことが重要です。

中には涙を流す生徒もいます。そのような場面では、進路相談室や空き教室など、他の生徒を気にしなくて済む環境を準備することも配慮の1つです。

辛い気持ちは最初の段階で次々と吐き出させ、少しでも多くカタルシスを得られるようにします。そうすることで、その後の話の内容が受け入れやすくなっていきます。

受験の結果は変えられないため、落ち着いて話が聞けるようになったら「どこに進学するか」よりも「進学した先で何をするか」のほうが重要であることを語り続けていきます。その際には、教師の実体験や様々な調査結果、有名人の名言等を示しながら話していくことが効果的です。

少しずつ現実を受け止められるようになってきたら、進学先のよいところ探しを提案します。拒否をされた場合は効果が期待できないため、あまり深入りせず、また違う機会に提案するようにします。時間がかかるかもしれませんが、根気強く寄り添うことが肝心です。

提案を受け入れた場合は、進学先の情報を提供し、自分がよいと思うところにマーカー等で印を付けてもらい、その資料を用いて短時間のキャリア・カウンセリングを繰り返していきます。キャリア・カウンセリングを通じて自己理解が深まり、将来の夢のために進学先で取り組むべき目標が明確になっていくことが望めます。生徒の求めに応じて追加で情報を提供することも考えられます。このような短時間のやり取りを繰り返すことで、移行不安を軽減することが可能となります。

最後に、卒業後も相談に乗ることを明確に伝え、安心感につなげます。この安心感が、進学先で適応しようと頑張る際の心理的支えの1つになることもあるので、必ず伝えるようにします。

また、保護者ともじっくり話をすることを勧めます。ずっと身近で自分のことを見てきた保護者の理解も得ることで、本人の自己理解が進むことが期待でき、その後の高校生活への積極的な取り組みにもつながることになります。

伊

※埼玉県中学校進路指導研究会、埼玉県高等学校進路指導研究会（1997）「平成8年度『現代高校1年生の進路意識と学校適応』に関する調査研究報告書（最終まとめ）」28～29ページ。

特別支援学級にいるのですが、
通常の学級のみんなと
同じような進路は選べますか？

中学校 教師の言葉かけ

「特別支援学級でも通常の学級と同じように様々な選択肢があります。まずはどのような選択肢があるのか調べてみましょう。」

特別支援学級の進路情報掲示板には、特別支援学校高等部や通信制高校などの資料がたくさんありますね。そのような進路を選んだ卒業生が多いということですが、通常の学級と同じような進路を選ぶことも可能です。進路を考える際のポイントが3つありますから、お伝えしますね。

最初のポイントは、何といっても合格の可能性があるかどうかです。希望する学校の入試要項等を見て、今後の努力で合格できそうか、担任の先生とも相談し、よく考えてください。

次のポイントは、志望校があなたの「困った」にどれだけ寄り添ってくれるのかを確認することです。特別支援学級では個別に支援を受けていた部分がありますね？　支援が受けられるかどうかは、入学後の生活の安定に大きく影響します。

最後は、卒業生がどのような進路を歩んでいるかをよく調べることです。進学の場合、自分の目指している夢などに近付ける学校だといいですよね。また、就職を考えている場合は、障害者手帳等を利用した障害者雇用枠での就職実績があるかどうかも、特に確認しましょう。

この3点のポイントを参考に取り組み、悩んだときは、遠慮なく相談してくださいね。

中学校 言葉かけの背景

特別支援学級にはいくつか種類がありますが、ここでは自閉症・情緒障害特別支援学級（以下「自情学級」）と知的障害特別支援学級（以下「知的学級」）の2種類について言及します。

はじめに自情学級についてです。通常の学級と同様の授業を受けつつも、必要に応じてコミュニケーションの仕方の学習等を行っている場合が大半です。自情学級のポイントを3つ紹介します。

第1は学力ですが、「合格の可能性」については通常の学級の生徒とさほど変わりありません。その分、第2のポイント「個別の支援」に、進学先がどの程度対応可能なのかを十分に確認する必要があります。特別支援学級在籍生徒については、個別の教育支援計画や個別の指導計画を作成することが義務化されています。場合によってはそれらの書類を用いて進学志望校に問い合わせる必要もあります。受けられる支援の内容によって進学後の生活が大きく左右されることもあるため、本人や保護者ではうまく確認できない際は、躊躇せず担任から高校へ確認することが大切です。

3つめの「卒業後の進路情報」も細かく確認します。就労が関係すると、高校での生活以上に「個別の支援」の重要度が増してきます。障害者手帳を所有している場合は、障害者雇用枠での就労も考えられます。その場合は合理的配慮がどの程度まで対応可能なのかも含めて、確認をしたほうがよいでしょう。

次は知的学級についてです。

知的学級の場合は、特に学力において自情学級よりも慎重に検討する必要があります。知的学級は、通常の学級とは異なる教育課程の編成で、授業内容も違うことがほとんどです。学年相当の教科書等を使用した授業を受けていない場合、学力に関しての「合格の可能性」の部分で厳しい選択を迫られるケースも多いと予想されます。しかし、通信制や定時制高校を含めると、非常に多くの選択肢があるため、焦らず丁寧に情報を収集することが重要です。

その後は、自情学級と同様に個別の支援をどの程度まで受けることができるのか、卒業後の進路にどの程度障害者雇用枠での就労実績があるかなどを、必要に応じて進学希望先に問い合わせながら丁寧に確認をしていきます。

紹介した事例では担任が進学先に連絡を取って確認していますが、可能な限り保護者にも一緒に確認をお願いしましょう。このような確認作業は、高校卒業後、更に進学する、または就労する際にも必要となります。そのため、中学校の段階から家庭で相談して進めていくことが重要です。

障害のある人たちや、通常の生活から不利益を被りやすい人たちも、等しくキャリア発達の機会を手にすることができるよう、特別支援学級での進路に関する情報提供は非常に重要な役目を担っています。

伊

あとがき

ここに『生徒の心に寄り添う進路指導の言葉かけ〜キャリア・カウンセリングの視点を生かして〜』が上梓されました。我が国では、進路指導について相談する専門家が学校には存在しないため、先生方がその役を担います。そのため、欧米のキャリア・カウンセラーの専門性においてはおのずと限界が生じ、どこまで求めて、どこまでは教師としての教科指導や生徒指導の専門性でカバーするかを同定することに時間をかけざるを得なかったからです。特に編集協力の桜井伸一先生、坂井百合子先生におかれてましては、それぞれの言葉かけのテーマの選定及び言葉かけ事例を執筆いただく先生方の依頼にご尽力をいただきました。

一方、コロナ禍後の学校教育では、コミュニケーションの様態の変化から不適応感をもつ児童生徒が増え、その結果、2023年の文部科学省の調査（※）では不登校が急増していることが明らかになりました。こうした問題は、子どもたちのキャリア形成に大きな影響を与え、進路を考え、選択する上での不安や悩みを生むことにもつながっています。こうした中で、従来のキャリア・カウンセリングの専門性から、我が国の学校教育の特徴や、教師の専門性を十分に生かした言葉かけへの視点を転換した本書は、多くの進路指導、キャリア教育で悩む先生方の道しるべとなると思われます。

生徒の生き方に寄り添いたいと思う多くの先生方が使いやすいように、前半のキャリア・カウンセリングの知識・技能の解説、後半はそれと連携しながら言葉かけが可能になるように、著者の先生方には事例への対応をお書きいただきました。本書には生き方や進路に悩む生徒やその保護者に寄り添う多くのヒントが示されています。

最後に、本書の発刊に至るまで、その発想や全体構成及び原稿の細部までご助言をいただいた東洋館出版社編集部長の大場亨様に特段の謝意を表し、あとがきとさせていただきます。

※文部科学省（2023）「令和4年度　児童生徒の問題行動・不登校等生徒指導上の諸課題に関する調査」

2024年4月

編著者　三村　隆男

執筆者紹介

編著者

三村　隆男（みむら・たかお）

早稲田大学大学院教育学研究科教授

1953年生まれ。埼玉大学教育学部卒業、東洋大学大学院文学研究科博士後期課程退学。教育学修士。埼玉県立高等学校教諭、上越教育大学講師・准教授、早稲田大学大学院教職研究科教授を経て、現職。その間、日本キャリア教育学会会長、アジア地区キャリア発達学会会長、日本スクールカウンセリング推進協議会副理事長、日本教職大学院協会副会長、文部科学省「生徒指導提要の改訂に関する協力者会議」協力者等を歴任

『新訂　キャリア教育入門』（単著、実業之日本社）、『書くことによる生き方の教育の創造』（単著、学文社）、『教師というキャリア』（翻訳、雇用問題研究会）等、著書多数

執筆者（執筆順。所属等は2024年3月現在）

三村　隆男　前掲……三

坂井百合子　東京都 墨田区教育委員会 指導主事……百

坂本　高英　大阪府立都島第二工業高等学校 教諭……高

安河内良敬　東京都 足立区立千寿桜堤中学校 教諭……安

杉森　共和　東京都立小台橋高等学校 校長……杉

深沢　享史　東京都 世田谷区立深沢中学校 教諭……深

野崎　倫子　広島県 呉市立郷原中学校 前校長……野

多田早穂子　東京都立小台橋高等学校 教諭……多

桜井　伸一　東京都立晴海総合高等学校 教諭……桜

長東　倫夫　千葉県立小金高等学校 校長……長

伊藤　要輔　東京都 荒川区立尾久八幡中学校 教諭……伊

生徒の心に寄り添う進路指導の言葉かけ
～キャリア・カウンセリングの視点を生かして～

2024（令和6）年5月27日　初版第1刷発行

編著者　三村 隆男
発行者　錦織 圭之介
発行所　株式会社東洋館出版社
〒101-0054　東京都千代田区神田錦町2丁目9番1号
コンフォール安田ビル2階
営業部　電話 03-6778-4343　FAX03-5281-8091
編集部　電話 03-6778-7278　FAX03-5281-8092
振替　00180-7-96823
URL　https://www.toyokan.co.jp

［印刷・製本］岩岡印刷株式会社
［装幀・本文デザイン］中濱 健治

ISBN978-4-491-05448-3　　Printed in Japan